주식,
백만 원으로
십억 벌기

트레이더의 돈 버는 노하우 공개
주식, 백만 원으로 십억 벌기

1판 1쇄 발행 | 2024년 1월 10일

지 은 이 | 박찬홍
펴 낸 이 | 이성범
펴 낸 곳 | 도서출판 타래
교정·교열 | 박진영
표지 디자인 | 김인수
본문 디자인 | 권정숙

주소 | 서울특별시 영등포구 양평로30길 14, 911호(세종앤까뮤스퀘어)
전화 | (02) 2277-9684~5 / 팩스 | (02) 323-9686
전자우편 | taraepub@nate.com
출판등록 | 제2012-000232호

ISBN 978-89-8250-162-3　13320

- 이 책은 저작권법에 의해 한국 내에서 보호를 받는 저작물이므로 무단 전재와 무단 복제를 금합니다.
- 값은 뒤표지에 있습니다.
- 파본은 구입한 서점에서 교환해 드립니다.

트레이더의 돈 버는 노하우 공개

주식,
백만 원으로
십억 벌기

박찬홍 지음

도서출판 **타래**

승부사의 길!
그 험난한 여정의 시작!

승부사의 길! 정말 멀고도 험난했다! 그리고 정말 긴 세월이었다!

주식 세계의 승부사가 될 때까지 의외로 많은 시간이 걸렸다! 필자의 인생은 주식 파동처럼 상승과 하락을 반복하며 성장해 왔다. 하지만 정말 힘든 고난의 시기를 넘고 인내와 인고의 시간을 거쳐 전문가로 성장했다는 것을 독자들에게 알리고 싶다.

필자는 대학생 때부터 부모님의 개인 계좌를 넘겨받고 본격적인 주식 투자와 함께 대학원 1학년 석사 과정 때는 대학교 앞에서 커피숍 사업도 병행했다. 2002년 7월 지방에서 커피숍을 창업했고 이후 여러 음식점과 유명 브랜드 메이커 의류 숍 등을 경영하며 2006년까지 그야말로 승승장구했다. 젊은 시절, 여러 사업의 성공으로 지방 신문에 '올해의 사업가'로 소개되고 각종 지역 TV에도 소개되었다. 모든 것이 내 뜻대로 되어 세상은 내 중심으로 흘러가는 것 같았다. 이후 사건이 벌어지기 전까지는.

2005년까지는 사업이 정말 번창해 당시 지방에서 신형 BMW 5 시리즈와 BMW Z-4 스포츠카와 국산 최고급 차량 등 4대를 현금과 리스 등으로 동시 보유하고 있었다. 지방에서 잘 나간다는 소문이 서울의 친척과 그 주변까지 퍼졌다. 그러다가 소문을 듣고 나와 부모님을 찾아온 친척의 설득과 권유로 중국에서 C사의 한국 전문여행사를 공동창업했다. 첫 1년 동안 한국의 여러 사업을 병행하며 중국을 자주 방문했고 관광객을 중국에서 한국으로 보내는 여행사를 친척과 중국 내 동업자와 함께 잘 경영했다.

이후 중국 여행업체 사업은 여러 어려움을 겪었고 필자는 한국 사업을 친구에게 맡기고 중국 사업에 집중했지만 '엎친 데 덮친' 격으로 친척과 중국 내 동업자의 배신으로 큰 사기를 당하고 1년 동안 중국 내 사업을 정리하는 데 총력을 기울였다. 중국에서 사업해본 분들은 알겠지만 중국은 창업할 때보다 사업을 정리할 때가 훨씬 힘들다. 세금 공제받은 것을 모두 토해내고 외국인은 탈탈 털려야 사업자 정리가 될 수 있었다. 그렇다! 한국에서 사업을 접는 것과 차원이 다를 만큼 힘들었다. 결국 필자는 각종 세금, 거래처 대금, 퇴직금, 인건비, 직원 위로금까지 지급을 모두 완료하고 경제적으로 큰 타격을 받고 피눈물을 흘리며 중국 여행업체 사업을 마무리했다.

한국에 돌아와 보니 주인인 필자가 자리를 비운 사이 여러 요식업 사업과 의류 브랜드 숍 사업들도 그 사업을 맡겼던 지배인이었던 친구의 배신으로 엉망이 되어 있었고 한국의 사업들도 흔히 말하듯 빚더미와 함께 풍비박산 날 상황이었다. 불행은 쓰나미처럼 한꺼번에 몰려왔다. 사업이 한창 번창할 때 필자가 소유했던 집과 많은 부동산은 물거품처럼 사라졌고 남은 거라곤 엄청난 빚과 주변의 냉소적인 시선뿐이었다.

결과적으로 경제적으로 넉넉히 사시던 부모님께도 경제적으로 큰 타격을 드리게 되었다.

하루아침에 유능한 성공한 사업가 아들에서 모든 것을 잃은 못난 아들이 되어 버렸다. 모든 것을 잃고 아내는 두 아들과 함께 친정으로 갔고 나는 본가로 들어와 6개월 동안 먼 산만 바라보며 정말 폐인처럼 지내야만 했다. 어머니께서 남자는 젊은 시절 한 번 망했다고 축 늘어져 이렇게 집에만 칩거하면 안 된다면서 작은 준중형차를 사주시며 함께 전국 여행을 떠나자고 권하셨다. 어머니가 이끄는 대로 자동차로 함께 전국의 유명 사찰들을 돌며 훌륭한 스님들의 인생 조언을 들었다.

그중 한 스님께서 필자를 보며 "자네는 앞으로 약 7년간 그동안 경험하지 못한 혹독한 시련을 겪을 것이며 이때의 고통을 이겨내면 반드시 성공할 것이다. 다만, 자네가 이겨낼 수 있을까?"라고 하시더니 지그시 눈을 감으시며 한참 동안 생각에 잠기셨다. 그리곤 나지막이 "모든 것은 자네에게 달렸네. 그 험난한 여정을 모두 이겨낸다면 전혀 새로운 직업을 얻고 수많은 인고의 경험을 바탕으로 TV에도 나오는 사람이 될 수 있다네. 그리고 당부할 것이 있네. 훗날 성공하면 수많은 어려운 사람들을 도와주고 자네가 얻은 인생의 경험과 노하우를 공유하게."라고 이르셨다.

이후 나머지 전국 일주 여정을 마치고 돌아와 친정에 있던 아내와 두 아들을 본가로 불러들이고 인생의 두 번째 여정을 가족과 함께 다시 한 번 시작하게 되었다. 부모님의 도움으로 생활이 안정된 후 필자는 아내와 두 아이를 부모님께 부탁하고 홀로 상경해 주식투자를 병행하며 초등학교 죽마고우와 함께 철강회사를 다니고 철강 대리점 사업도 하며 바쁜 시간을 보냈다. 필자는 절친의 배려로 동업하며 주식투자와 공부를 병행할 수 있었다. 필자의 인생을 바꿔준 첫 번째 큰 투자는 1억 원 이상 투자했던 2007년 한국석유였다. 경영권 분쟁이 쟁점화되면서 주가는 3배 이상 올랐다. 하늘을 날 듯 너무 기뻤고 "정말 이제 다시 시작이다."라고 다짐했다. 사업 실패 후 꾸준히 주식투자를 했지만 한국석유에 투자하기 전까지는 큰 수익이 없었다.

생애 첫 주식투자에서 2억 원 이상의 순수익과 한국석유 종목을 보유한 채 이 기업의 주주총회에까지 참석하게 되었다. 인생이 항상 그렇듯 기쁨과 슬픔은 동시에 찾아온다. 결과는 해피엔딩? 아니, 새드엔딩이었다. 주총에서 만난 지인들의 말을 믿은 것이 화근이었다. 한국석유의 주가가 더 오를 거라는 말만 믿고 팔지 않았다. 경영권 분쟁에서 기존 대주주가 승리한 결과, 한국석유 주가는 연일 하한가와 급락이 이어졌고 필자는 오히려 5천만 원의 손실을 입고 정리해야만 했다.

또 한 번의 방황이 시작되었다. 또 시간이 흘러 정신을 차렸고 한국석유 투자에서 부족했던 부분과 문제점을 파악했다. 줄어든 예수금을 가진 채 미친 듯 공부와 연구를 병행해 자본금을 늘려나갔고 이후 주식투자 경험도 쌓으며 매매 트레이딩 기법을 완성해 나갔다. 그리고 실력을 점점 인정받아 여러 자문사와 운용사를 거쳐 경험을 쌓게 되었다. 금융업체를 다니며 내 경험과 노하우를 네이버 카페에 열심히 공개했고 회원 수 17만 명인 주식카페의 4번째 수장이 되었다.

이후 네이버 주식카페 수장직(매니저)을 내려놓고 매일경제TV의 지원하에 여러 테스트를 거쳐 이 TV의 주식전문가로 방송 출연과 활동을 정식으로 시작해 1년 동안 매일경제TV 프로그램과 MBN 골드 전문가로서 열심히 활동했다. 그리고 마침내 국내 1위 경제 채널인 한국경제TV에서 주관하는 주식투자 서바이벌 대회인 '슈퍼 스탁킹' 제4회 대회에서 수많은 유명 주식투자 고수들을 누르고 준우승을 차지하는 영광을 얻었다. 한국경제TV 프로그램 출연과 한국경제TV가 운영하는 와우넷 주식 전문가로 최종 테스트 관문을 거쳐 현재까지 활동 중이다. 한국경제TV 와우넷 주식투자 전문가로 2016년에 입성해 2023년 현재까지 벌써 7년째 활동 중이며 2017년 연간 베스트 전문가, 2022년 연간 베스트 전문가, 2023년 연간 베스트 전문가로 수상해 더욱더 열심히 회원 가족분들의 수익을 위해 여러 정보와 자료를 제공해 드리고 있다. 그동안 여의도에서 경험하고 연구한 수많은 주식투자 매매 노하우를 이 한 권의 책을 시작으로 독자들에게 계속 전해드리고자 한다.

자, 이제 시작이다! 이 책은 필자의 수많은 인고와 노력의 산물이자 실전 매매 노하우의 결정체다. 이 책은 실전 투자에 필수적인 내용으로 구성되어 있다. 필자는 수많은 고수와 제자들과 함께 무려 25년간 실전 트레이딩 매매전략과 노하우를 연구했다. 그럴듯하게 보기 좋게 써놓은 주식투자 책은 실전에서 도움이 되지 않는다. 필자처럼 오직 실전 투자를 통한 매매전략만 독자의 주식투자에 도움이 될 수 있다고 생각한다. 실전에서 필자가 큰돈을 잃고 피눈물을 흘리며 얻은 깨달음과 노력과 땀방울이 담긴 이 주식투자 실전 매매 노하우를 독자 여러분이 한 글자도 빠뜨리지 않고 습득해 100세 시대의 노년에 경제적 자유를 얻어 편안한 노후를 즐기시길 바란다.

필자가 바라는 것은 독자의 경제적 자유와 행복이다. 이제 이 책을 통해 인생의 나락에서 필자가 만났던 스님의 가르침을 실천할 때가 왔다고 생각한다. 필자의 엄청난 노력과 시간으로 만든 주식투자 매매 노하우를 독자 여러분이 열심히 습득해 실전에서 꼭 도움 받으시길 바란다. 필자의 진심이 독자들께 꼭 전해지길 바라며 이 책의 서두를 마친다.

주식 프로들의 실전 매매기법을 통해 계좌수익률을 높이는 방법을 알아보자!

필자는 주식투자 세계는 불공정한 승부가 벌어지는 세상이라고 생각한다. 초보자부터 중수, 고수, 프로선수들(기관·외국인·세력)과 같은 시장에서 싸우는 것이다. 초보자들은 스마트폰 하나로 MTS(스마트폰용 프로그램)를 이용해 주식거래를 하고 프로들은 전문 HTS(PC용 프로그램), 각종 차트, 자료, 정보를 가지고 주식거래를 한다. 어느 세상이든 준비가 안 된 사람들은 험난한 여정에서 먹잇감이 될 수밖에 없다. 지금 독자들은 '약육강식'의 정글에서 생존하는 법을 열심히 배워 살벌한 이 주식시장에서 살아남아야 한다.

이 시장에서 살아남기 위해서는 프로들의 생각, 매매 노하우를 카피해 열심히 반복해 익혀야 한다. MTS 또는 HTS(주식 프로그램) 모니터를 통해 초보자든 프로선수든 누구나 실시간으로 함께 모니터링한다. 즉, 시장 참여자들이 가장 객관적으로 시각적으로 보는 것은 숫자(호가창)와 차트(기술적 분석)다. 먼저 차트에서는 보조지표를 활용해 주가의 방향성을 분석해보고 그 다음 장부터 시작하는 실전 매매기법을 함께 공부해 익히시길 바란다.

| 차 례 |

프롤로그 ······ 04

- 승부사의 길! 그 험난한 여정의 시작!
- 주식 프로들의 실전 매매기법을 통해 계좌수익률을 높이는 방법을 알아보자!

제1장 | 주식 프로들의 지표 활용법 (Bollinger Band)

1-0 주식 프로들은 볼린저밴드를 왜 자주 활용할까 ·· 16

1-1 주식 프로들의 보조지표 활용법(볼린저밴드) ·· 17

1-2 볼린저밴드를 이용한 실전 매매, 붉은 계좌 만들기 ·· 19

1-3 주가의 내비게이션, 볼린저밴드 활용법(1) ·· 26

1-4 주가의 내비게이션, 볼린저밴드 활용법(2) ·· 29

1-5 주식 프로들의 볼린저밴드 차트 설정법 ·· 31

제2장 | 주식의 황금라인(기본을 뛰어넘는 노하우)

2-1 주식 프로들의 황금라인 활용법, 이동평균선 ·· 49

2-2 주가 변동성 활용, 주식 프로들의 기간 조정 시 매매 노하우 ·· 53

2-3 주식 프로들이 매매 타이밍을 잡는 숨은 노하우 ·· 60

2-4 주가의 골드(GOLD) 밴드 ·· 68

2-5 주가의 VP 밴드 ·· 73

제3장 | 주식 프로들의 시그니엘 캔들: 주인공 매매기법

3-1 캔들 주인공 매매기법 ·· 78

3-2 주인공 매매기법의 실전 매매 활용법 ·· 81

3-3 주인공 매매기법 응용법 ·· 89
(이것만 숙지해도 상위 트레이더가 될 수 있다!)

제4장 | 주식 프로들이 활용하는 매매의 기준이 되는 대장 라인 '기준선'

4-1 주식 프로들의 매매 기준(1): 일목균형표의 개념 ·· 103

4-2 주식 프로들의 매매 기준(2): 일목균형표의 구성요소 ·· 105

4-3 일목균형표의 기준선 ·· 110

4-4 주식 프로들의 기준선 매매법(기본편) ·· 111

4-5 주식 프로들의 기준선 실전 매매법(응용편) ·· 119

제5장 | 주식 프로들이 활용하는 주가 레벨 UP선 '전환선'

5-1 강한 종목 매매의 중요성 ·· 130

5-2 주가 레벨 UP선: 일목균형표 전환선의 정의 ·· 134

5-3 전환선의 정배열과 역배열 활용법 ·· 135

5-4 기준선 VS 전환선 ·· 140

5-5 이동평균선 VS 전환선 ·· 143

5-6 전환선, 주식 프로들의 실전 매매법(1) (핵심 키포인트) ·· 146

5-7 전환선, 주식 프로들의 실전 매매법(2) (핵심 키포인트) ·· 148

5-8 전환선, 주식 프로들의 실전 매매(응용편) ·· 156

제6장 주가 추세 전환의 신호탄 MACD의 주식 프로들의 보조지표 활용법

6-1 주가에도 '관성의 법칙'이 작용한다. ·· 166

6-2 MACD의 정의 ·· 167

6-3 MACD의 구성요소 ·· 168

6-4 MACD의 특징 ·· 169

6-5 주식 프로들의 MACD를 활용한 실전 매매법(기본편) ·· 170

6-6 주식 프로들의 MACD를 활용한 실전 매매법(응용편) ·· 190

제7장 주식 프로들의 트레이딩 매매라인 DEMARK 활용 노하우

7-1 DEMARK의 개념 ·· 199

7-2 DEMARK의 구성 ·· 200

7-3 DEMARK의 기준가격 계산법 ·· 201

7-4 DEMARK가 주식 프로들의 사랑을 받는 이유 ·· 204

7-5 DEMARK의 기본적인 매매법 ·· 206

7-6 주식 프로들의 DEMARK 실전 매매 활용법 ·· 215

제8장 주가를 움직이는 세력(큰손)들의 매집 구간 및 매물대 분석 노하우

8-1 차트 안에는 투자자들의 심리가 들어 있다. ·· 226

8-2 주가 매물대의 중요성: 주가의 지지와 저항 ·· 227

8-3 매물대의 종류 ·· 229

8-4 주식 프로들이 체크하는 매물대의 종류(선) ·· 230

8-5 주식 프로들의 매물대 매매법 조건 ·· 247

8-6 주식 프로들의 주인공 캔들 매매법 노하우 ·· 248

에필로그 ······ 256
- 독자들에게 당부하는 진심어린 조언

제1장

주식 프로들의 지표 활용법
(Bollinger Band)

1-0 주식 프로들은 볼린저밴드를 왜 자주 활용할까

먼저 주식 프로들은 주가의 흐름과 방향을 예측할 때 자신만의 매매원칙을 만들어 사용한다. 단순히 차트만 보고 원칙 없는 매매를 하면 뇌동매매로 자칫 큰 손실을 입을 수 있다. 매매의 기준이 없으면 꾸준한 수익도 어렵고 시장이 흔들릴 때 매매에서 큰 손실을 볼 수 있다. 주식 프로들은 매매할 때 항상 원칙을 만들어 사용하는데 매매의 중요한 원칙 중 하나가 볼린저밴드 활용이다.

첫 번째로 볼린저밴드는 가장 기본적이면서 많은 개인투자자가 잘 알고 있지만 실전 활용법은 정말 제각각이다. 이번 장에서는 개인투자자들의 일반적인 볼린저밴드 활용법이 아닌 주식 프로들의 실전 매매 활용법을 소개할 것이다.

기본적으로 주가는 확장과 수축을 반복한다. 주가가 상승할 때는 캔들과 이동평균선 간의 이격이 벌어지고(확장) 주가가 횡보할 때는 캔들과 이동평균선의 이격이 줄어든다(수축). 볼린저밴드는 캔들의 95%가 볼린저밴드 안에 들어오게 만들어졌다. 나머지 캔들 5%는 볼린저밴드 상한선(상단)이나 하한선(하단)에서 벗어난다. 만약 주가가 상한선을 돌파하면 상승추세로 전환되고 하한선 이탈, 즉 아래로 돌파하면 하락추세로 전환된다. 따라서 볼린저밴드를 사용하면 주가의 추세, 저항선과 지지선을 쉽게 알 수 있다.

1-1 주식 프로들의 보조지표 활용법(볼린저밴드)

볼린저밴드(Bollinger Band)는 이동평균선의 표준편차를 이용해 주가의 변동 범위를 파악해 주가의 움직임을 예측해주는 보조지표다. 즉, 주가의 움직임 크기에 따라 밴드의 넓이가 결정되는 지표다.

볼린저밴드의 구성

볼린저밴드는 상한선, 중심선(이동평균선), 하한선으로 구성된다.

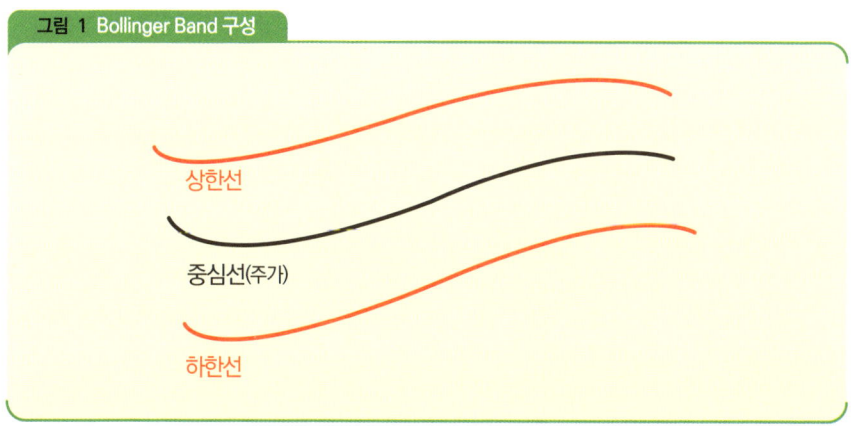

그림 1 Bollinger Band 구성

1) 볼린저밴드 상한선

기본적으로 20일 이동평균선을 기준으로 표준편차 2 정도 확장되어 만들어져 있으며 쉽게 생각하면 주가(캔들)를 위에서 덮어주는 선이다. 볼린저밴드 상한선은 주가의 저항선 역할을 하며 주가가 볼린저밴드의 상한선을 돌파하면 강한 상승을 보인다.

2) 볼린저밴드 중심선

볼린저밴드 중심선은 지표의 기준을 잡아주는 뼈대선으로 기본적으로 20일 이동평균선으로 구성되어 있다.

3) 볼린저밴드 하한선

20일 이동평균선을 기준으로 표준편차 2정도 확장되어 아래로 확장되어 있으며 주가를 아래에서 덮어준다. 볼린저밴드 하한선은 지지선 역할을 하며 주가가 하한선 근처에서 지지한 후 반등이 나온다.

볼린저밴드의 특징

기본적으로 볼린저밴드는 확장과 수축을 반복하는 특징이 있다. 구체적으로 주가가 급격히 움직이는 변동성이 큰 구간에서는 볼린저밴드가 확장하고 주가가 횡보하거나 변화가 거의 없는 구간에서는 수축한다. 기본적으로 볼린저밴드는 이동평균 20, 표준편차 2로 설정되어 있다.

1-2 볼린저밴드를 이용한 실전 매매, 붉은 계좌 만들기

★ **주식 프로들의 볼린저밴드 허리 공략 매매 기법**

1) 볼린저밴드의 이동평균 기간은 20과 승수 2를 사용한다.

2) 주가가 거래량을 동반한 장대 양봉으로 볼린저밴드 상한선을 돌파한 후 소강 상태(주가 조정)가 되었을 때(눌림을 형성했을 때) 매매한다.

   캔들이 볼린저밴드 상한선을 돌파한다는 것은 주가 상승에 대한 세력의 강력한 의지를 나타내므로 볼린저밴드 상한선을 돌파하는 종목을 매수 후보 종목군에 먼저 편입시킨다.

3) 볼린저밴드가 수축 구간에서 캔들이 20일선 위로 올라왔을 때가 소강 상태(눌림목)이며 이때 종가상 분할매수한다.

   볼린저밴드 상한선을 돌파한 강한 종목은 강한 주가 반등이 나온다는 프로선수들의 매매 노하우 경험치를 활용하는 것이다.

4) 손절선은 이동평균선인 20일선을 이탈할 때 그 시점을 손절 타이밍으로 잡는다.

자, 이제 주식 프로들의 볼린저밴드 허리 공략법을 활용해 주식 매수 타이밍 노하우를 알아보자!

★ 볼린저밴드(허리 공략법: 이동평균선 기간 20, 승수 2)의 예

알체라(347860)

알체라는 인공지능(AI) 영상인식 분야에서 토탈 솔루션 기술을 제공하는 회사로 NAVER 손자 회사다. NAVER의 우크라이나 재건사업 참여와 AI, 디지털 트윈 활용 기대감과 AI 테마의 강세로 7월 17일 상한가를 기록한 이후 7월 27일 20일선을 지지한 후 그다음 거래일에 장중 고가를 기록하며 +10% 급등했다.

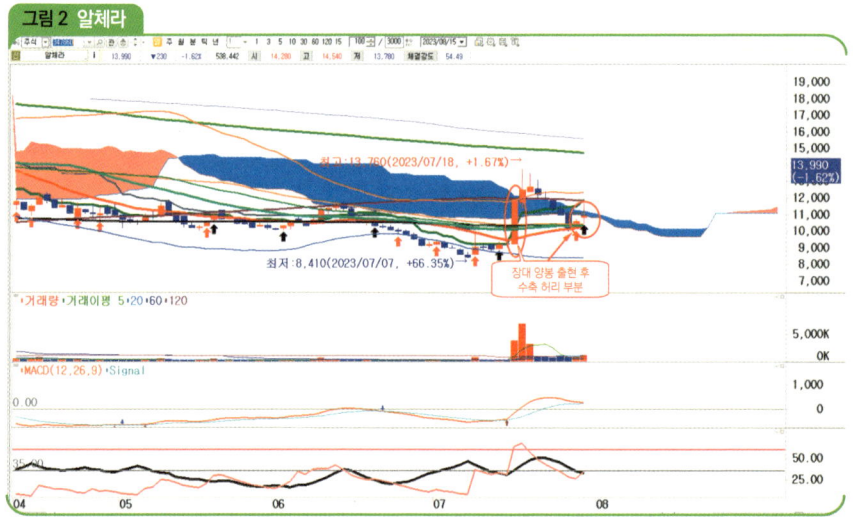

① 볼린저밴드 상한선[20, 2]을 돌파하는 장대 양봉 출현(7월 17일)
② 수축 구간(20일선)에서 캔들 지지 후 반등(7월 27~28일)

한양이엔지(045100)

한양이엔지는 반도체 화학약품 중앙공급장치, 배관설비 생산업체로 초전도체 테마(퀀텀 에너지 지분을 보유한 엘앤에스 벤처 캐피탈 지분 3.6% 보유)로 편입되면서 8월 2일 볼린저밴드 상한선을 돌파하며 +22% 급등으로 마감했고 이후 주가 조정(눌림) 기간을 거쳐 8월 11일 캔들이 20일선을 지지한 후 그 다음 거래일에 장중 고가인 +17%나 상승했다.

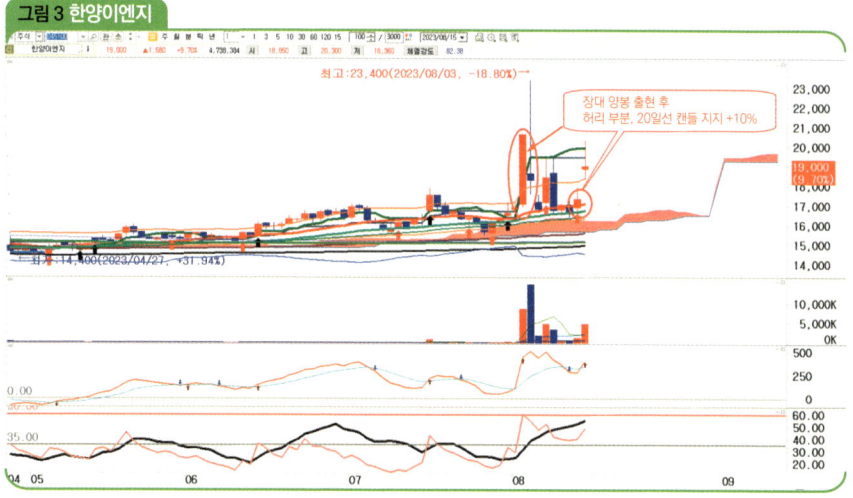

그림 3 한양이엔지

① 볼린저밴드 장대 양봉으로 돌파(8월 2일)
② 허리 부분(20일선) 캔들 지지 후 +10% 반등(8월 11일)

솔트룩스(304100)

솔트룩스는 챗GPT와 같은 초거대 언어모델 및 인공지능(AI) 솔루션 전문업체로 AI 테마 활성화로 8월 1일 볼린저밴드 상한선을 돌파해 급등으로 마감한 후 8월 14일 20일선 눌림목 근처에서 오전 동안 지지한 후 당일 +8% 상승 마감했다.

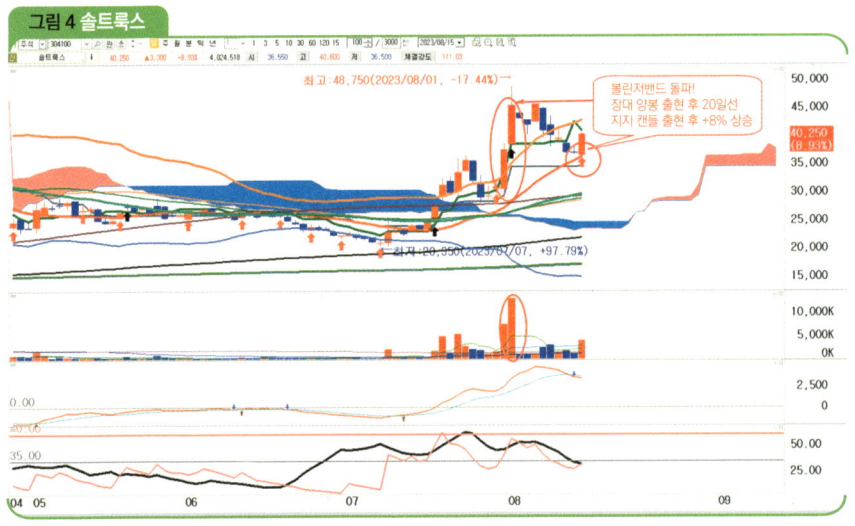

① 볼린저밴드 장대 양봉으로 돌파(8월 1일)
② 허리 부분(20일선) 캔들 지지 후 +8% 반등(8월 14일)

한미반도체(042700)

한미반도체는 HBM TC 본더 장비 제조업체로 엔비디아의 GPU 수요 증가에 따른 HBM 장비 수요 확대 기대감으로 5월 19일 볼린저밴드 상한선을 돌파해 +21% 급등으로 마감한 후 6월 8일 20일선을 지지한 후 상승 흐름이 이어졌다.

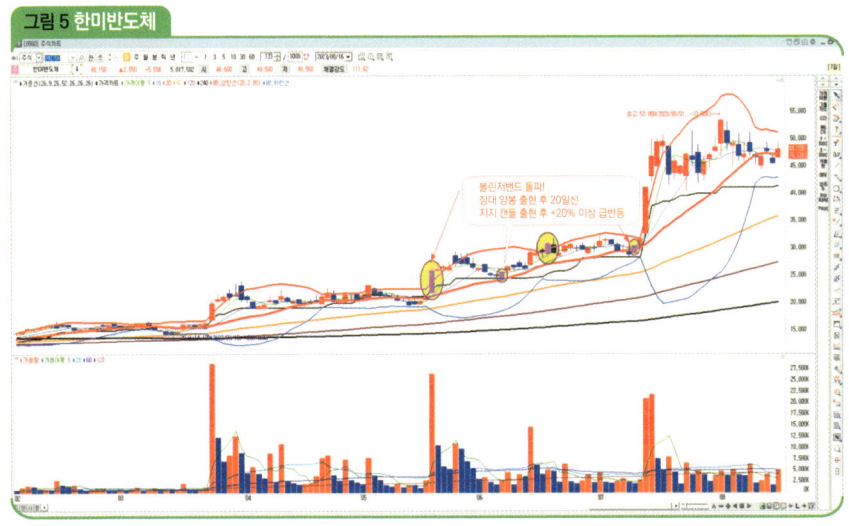

그림 5 한미반도체

① 볼린저밴드 장대 양봉으로 돌파(5월 19일)
② 허리 부분(20일선) 캔들 지지 후 +23% 반등(6월 8일)

지니너스(389030)

지니너스는 AI를 활용한 유전체 분석기술과 의료 빅데이터를 기반으로 차세대 정밀의료시장을 선도하는 바이오인포매틱스 전문기업으로 의료 AI 테마주로 편입되면서 6월 9일 볼린저밴드 상한선을 강하게 돌파하고 +16% 상승으로 마감한 후 6월 21일 이후 20일선 부근에서 캔들을 지지한 후 +34% 급반등으로 마감했다.

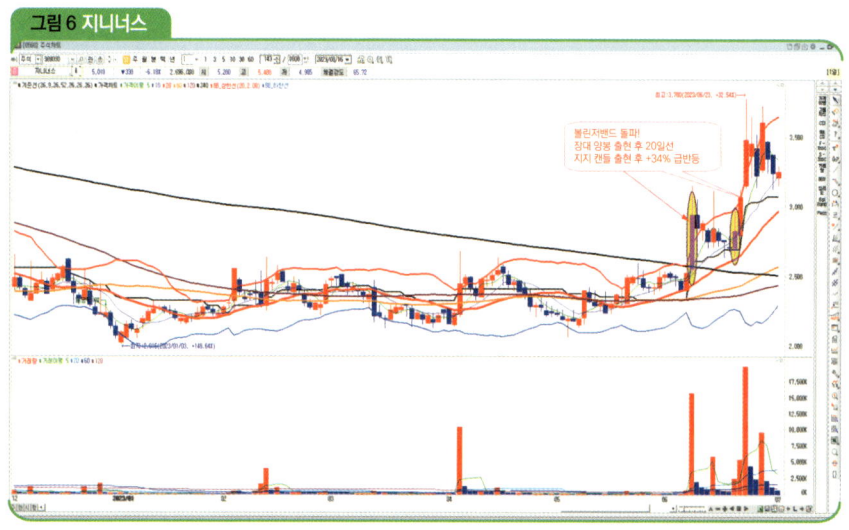

그림 6 지니너스

① 볼린저밴드 장대 양봉으로 돌파(6월 9일)
② 허리 부분(20일선) 캔들 지지 후 +34% 반등(6월 21일)

STX(011810)

　STX는 니켈과 희소 금속 등의 원자재 사업이 시장의 주목을 받으면서 4월 4일 볼린저밴드 상한선을 돌파하고 +18% 급등으로 마감한 후 4월 24일 20일선 눌림목을 지지한 후 다음날 상한가로 마감했다.

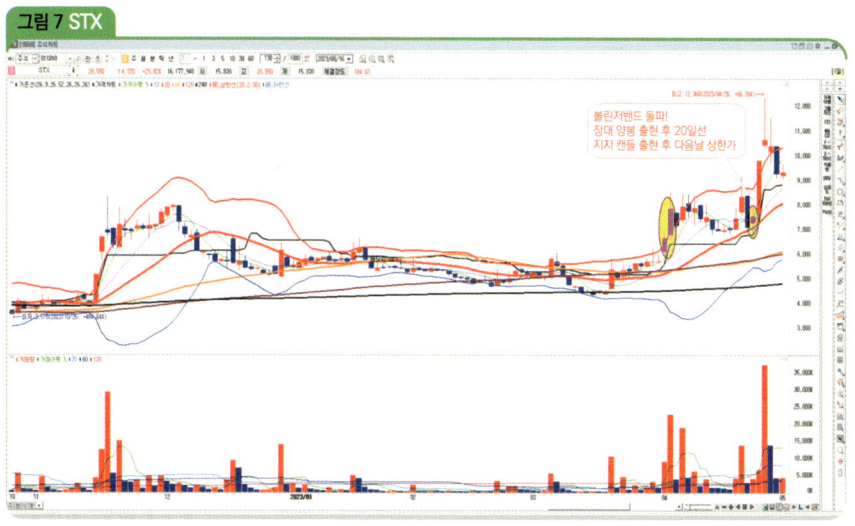

① 볼린저밴드 장대 양봉으로 돌파(4월 4일)
② 허리 부분(20일선) 캔들 지지 후 다음날 상한가로 마감(4월 24~25일)

1-3
주가의 내비게이션, 볼린저밴드 활용법(1)

볼린저밴드는 주가의 방향성과 주가의 저항선 및 지지선을 알려주는 내비게이션 역할을 한다. 주식 프로들은 이러한 볼린저밴드의 변수 중에서 이동평균 기간을 변경해 개인투자자들이 잘 활용하지 못하는 그들만의 독특한 매매기법을 활용해 종목을 철저히 분할매수해 수익을 극대화하는 전략적 매매를 한다.

★ 주식 프로들의 볼린저밴드 상한선 돌파 매매법

주식 프로들은 종목이 상승해 볼린저밴드 상한선 돌파 매매를 할 때 볼린저밴드에서 상한선 변수로 이동평균 기간 52, 표준편차 승수 2를 사용한다. 볼린저밴드의 이동평균 기간 변수값을 올리면 그만큼 지표가 확장되어 주가(캔들)가 돌파할 가능성이 낮아진다. 예를 들어, 시험에서 80점 이상의 학생들에게 1등급을 주었는데 1등급 기준을 90점으로 올리면 1등급에 들어가는 학생 수가 줄어드는 것과 같은 원리다. 즉, 기준을 올리면 매수세가 더 강한 종목들이 선별되는 원리를 이용한 것이다. 다만, 이동평균 기간이 너무 길면 돌파하는 종목이 거의 없으므로 주식 프로들은 약 3개월 기간인 이동평균 기간 52, 표준편차 승수 2를 사용한다. 이를 통해 주식 프로들은 돌파매매 때 볼린저밴드(52, 2) 상한선을 기준으로 캔들이 돌파해 지지하는 종목 위주로 매매전략을 세운다.

※ 볼린저밴드 상한선(이동평균 기간 52, 표준편차 승수 2) 돌파 매매 조건 및 방법

돌파 매매의 조건

1) 돌파 매매를 할 때 일봉상 볼린저밴드 상한선(52, 2)을 대량거래를 동반한 장대 양봉으로 돌파해야 한다.
2) 돌파할 때 장대 양봉의 꼬리가 길면 안 된다.
3) 종목의 재료(테마)와 모멘텀이 반드시 존재해야 한다.

매매법

1) 돌파할 때 돌파 캔들을 기준으로 종가부터 시가까지 분할매수한다.
2) 돌파하는 캔들(장대 양봉)의 저가를 이탈하면 반드시 손절한다.

★ 볼린저밴드 상한선 돌파 매매

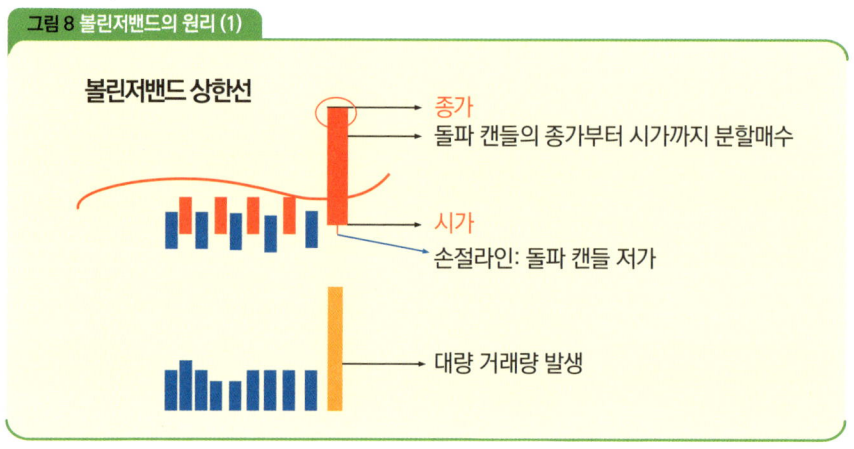

볼린저밴드 상한선(이동평균 기간 52)을 돌파하는 대량거래 장대 양봉이 출현하면 돌파하는 그 장대 양봉(캔들)의 종가에서 1차 매수하고 며칠의 기간을 두고 캔들의 하락 조정이 나오면 그 장대 양봉(캔들)의 시가 부근까지 2~3번 분할매수(핵심 포인트)한다.

1-4 주가의 내비게이션, 볼린저밴드 활용법(2)

★ 주식 프로들의 볼린저밴드 하한선 눌림목 매매

주식 프로들은 볼린저밴드를 활용한 눌림목 매매 때 볼린저밴드 하한선(26, 2)을 사용한다. 주가는 상승할 때 관성이 붙어 상승한 만큼 다시 내려오지 않고 최대 상승분의 절반까지 눌림 후 다시 상승을 이어간다. 따라서 눌림 매매 때 볼린저밴드를 돌파 매매 때 사용하는 것 같이 사용하면 주가가 그 자리에 왔을 때 상승할 힘이 완전히 사라진 상태로 오게 된다. 따라서 주식 프로들은 눌림 매매 때 주가의 관성과 탄력까지 고려해 하한선을 상한선과 같이 설정하지 않고 상한선의 절반인 26을 기준으로 설정해 눌림목 매매를 한다.

※ 볼린저밴드 하한선 눌림 매매의 조건 및 방법

눌림 매매의 조건

1) 눌림 매매를 할 때 일봉상 볼린저밴드가 확장·수축 과정에서 캔들의 종가가 하한선 부근에서 지지해야 한다.

2) 캔들은 눌림(조정) 때 거래량이 감소해야 한다.
3) 종목의 이슈(테마)나 모멘텀이 존재해야 한다.

매매법

1) 분할매수는 볼린저밴드 하한선 부근에서 종가에 2~3번 분할매수한다.
2) 마지막 매수가 대비 -3% 하락 또는 종가가 볼린저밴드 하한선(이동평균 기간 26)일 때 손절한다.

★ 볼린저밴드 하한선 눌림 매매

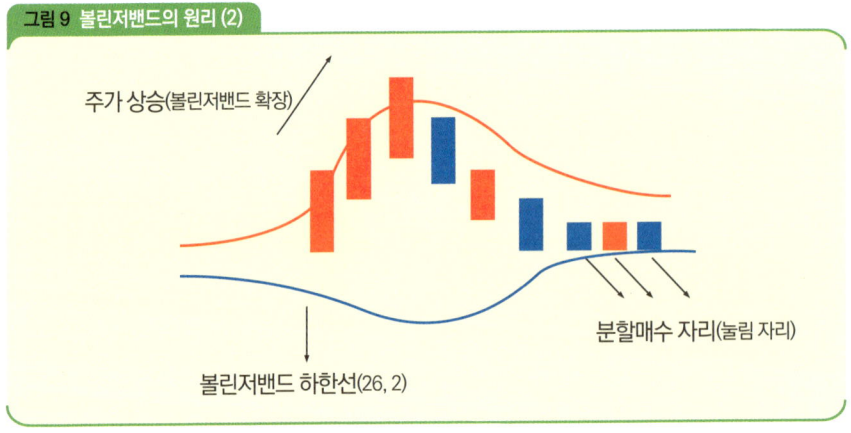

그림 9 볼린저밴드의 원리 (2)

볼린저밴드 확장(주가 상승) 후 수축 구간(하한선 부근)에서 분할매수하고 캔들이 종가에 볼린저밴드 하한선을 이탈하면 반드시 손절 매도한다.

1-5
주식 프로들의
볼린저밴드 차트 설정법

1. 볼린저밴드 상한선 설정법

1) 차트에서 마우스를 우클릭한 후 지표 추가에서 Bollinger Band를 검색해 추가한다.
2) 차트상 볼린저밴드 지표를 더블 클릭한다.
3) 지표 조건 설정에서 볼린저밴드 상한선 Period를 52로 설정한다.
4) 라인설정에서 상한선만 체크한 후 색상은 빨간색으로 설정하고 너비는 2pt를 적용한다.

2. 볼린저밴드 하한선 설정법

1) 차트에서 마우스를 우클릭한 후 지표 추가에서 Bollinger Band를 검색한 후 한 번 더 추가한다.
2) 차트상 볼린저밴드 지표를 더블 클릭한다.
3) 지표 조건 설정에서 볼린저밴드 하한선 Period를 26으로 설정한다.
4) 라인설정에서 하한선만 체크한 후 색상은 파란색으로 설정하고 너비는 2pt를 적용한다.

차트에서 마우스를 우클릭한 후 지표 추가에서 채널 지표의 Bollinger Band를 차트에 추가한다. 차트에 나와 있는 Bollinger Band 보조지표를 더블 클릭한다. 상한선만 체크한 후 이동평균 기간을 52로 설정한다. 상한선 색상은 빨간색으로 설정하고 너비는 2pt로 맞춘다.

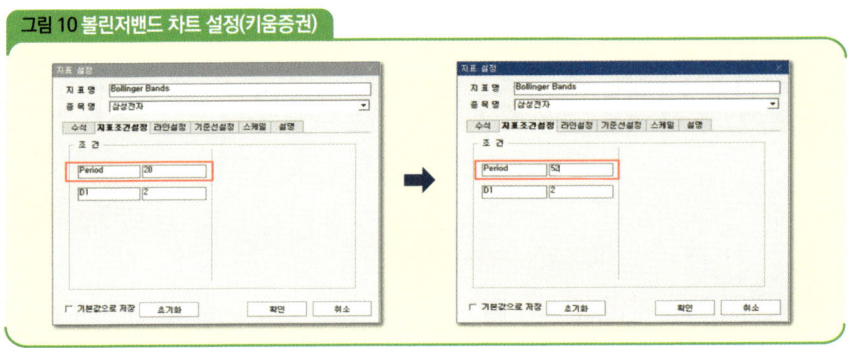

그림 10 볼린저밴드 차트 설정(키움증권)

차트에서 마우스를 우클릭한 후 지표 추가에서 채널 지표의 Bollinger Band를 차트에 한 번 더 추가한다. 차트에 나와 있는 Bollinger Band 보조지표를 더블 클릭한다. 하한선만 체크한 후 이동평균 기간을 26으로 설정한다. 색상은 파란색으로 설정하고 너비는 2pt로 맞춘다.

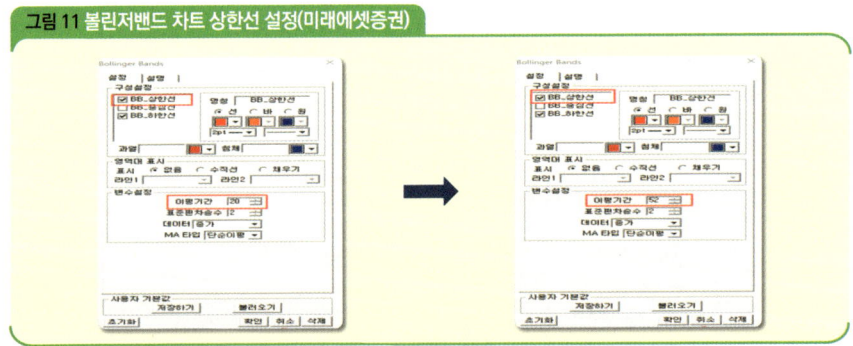

그림 11 볼린저밴드 차트 상한선 설정(미래에셋증권)

제우스(079370)

제우스는 HBM에서 쓰이는 TSV 세정장비업체로 AI 반도체 장비 수요 증가에 따른 수혜로 7월 13일 볼린저밴드(이동평균 기간 52, 표준편차 승수 2) 상한선을 돌파한 후 단기간에 +32%나 급등했다. 큰 수익을 거둘 수 있는 볼린저밴드(상한선 돌파 매매)의 중요한 매매전략 포인트는 볼린저밴드를 돌파하는 장대 양봉 출현 후 그 장대 양봉의 종가와 시가를 매수 밴드의 기준 범위로 설정하고 분할매수하는 것이다.

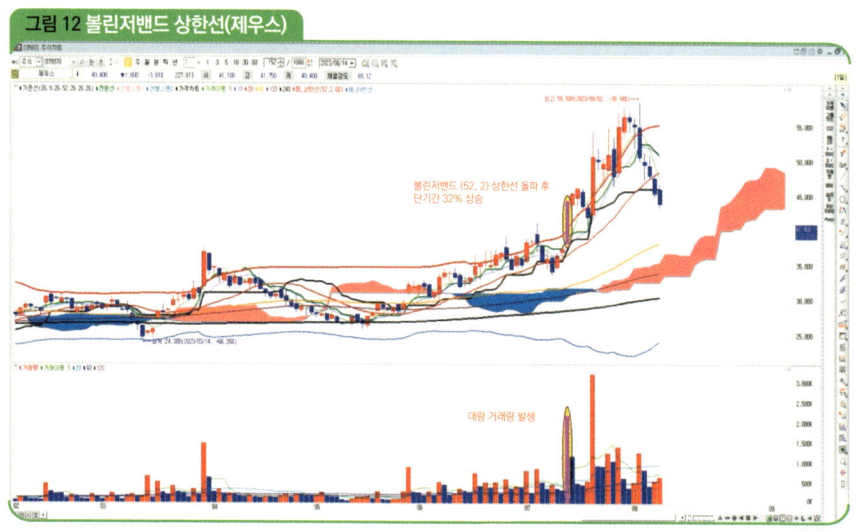

그림 12 볼린저밴드 상한선(제우스)

주성엔지니어링(036930)

주성엔지니어링은 반도체 증착장비업체로 AI 반도체 수요 증가로 인한 반도체 업종에 대한 투자심리 개선에 따른 수혜로 7월 17일 볼린저밴드 (이동평균 기간 52, 표준편차 승수 2) 상한선을 돌파한 후 단기간에 +40%나 급등했다.

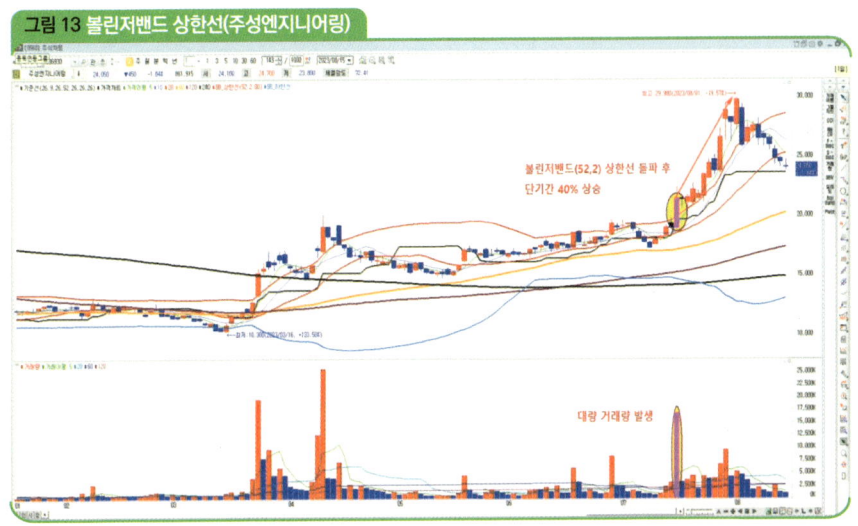

그림 13 볼린저밴드 상한선(주성엔지니어링)

레인보우로보틱스(277810)

레인보우로보틱스는 이족보행 로봇 플랫폼 업체로 두산 로보틱스 상장 심사 결과 발표, 산업통상부 한미 '첨단기술 협력전략 점검회의' 등으로 인한 로봇 테마 업종 투자심리 개선에 따른 수혜로 7월 31일 볼린저밴드(이동평균 기간 52, 표준편차 승수 2) 상한선을 돌파한 후 단기간에 +35%나 급등했다.

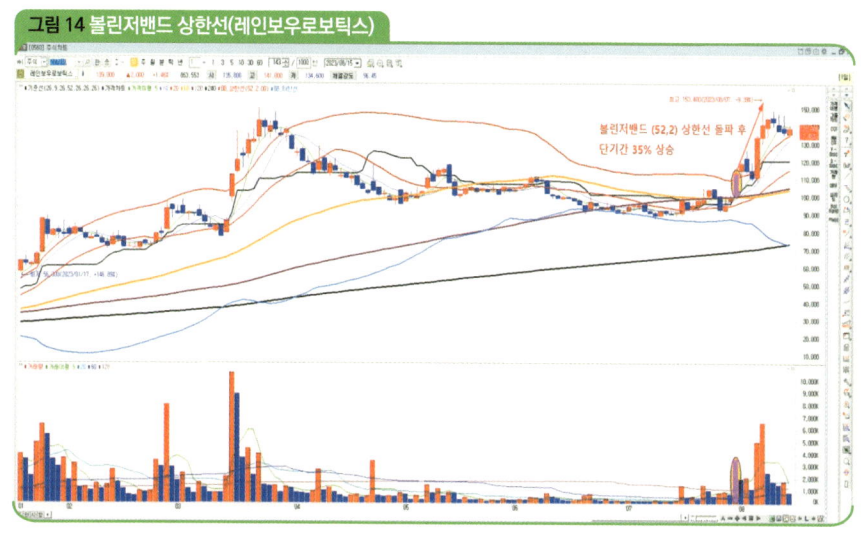

그림 14 볼린저밴드 상한선(레인보우로보틱스)

솔트룩스(304100)

솔트룩스는 챗GPT와 같은 초거대 언어모델 및 인공지능(AI) 솔루션 전문업체로 네이버 AI 하이퍼 클로버 X 출시에 대한 기대감으로 인한 AI 테마의 활성화로 7월 19일 볼린저밴드(이동평균 기간 52, 표준편차 승수 2) 상한선을 돌파한 후 단기간에 +53%나 급등했다.

그림 15 볼린저밴드 상한선(솔트룩스)

에코프로비엠(247540)

에코프로비엠은 2차전지 하이니켈계 양극재 관련 회사로 2차전지 종목군 숏커버링으로 인한 2차전지 테마 활성화로 7월 18일 볼린저밴드(이동평균 기간 52, 표준편차 승수 2) 상한선을 돌파한 후 단기간에 +80% 급등했다.

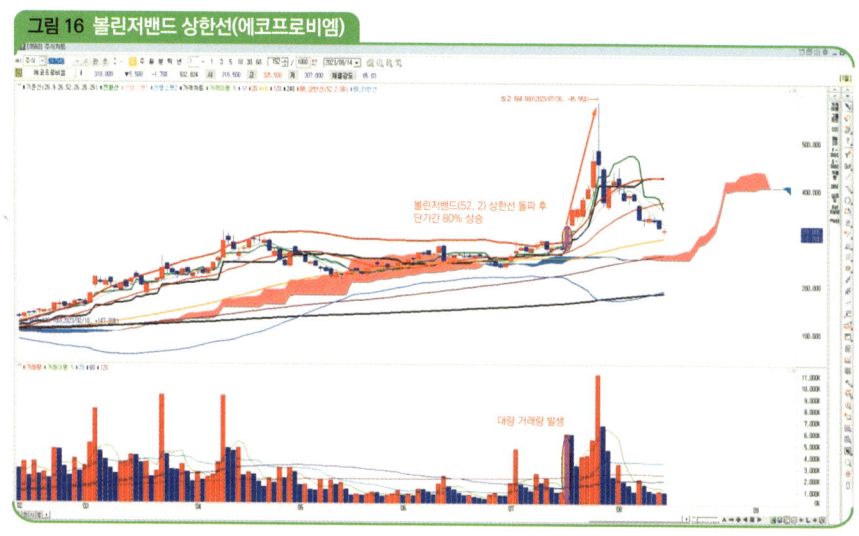

그림 16 볼린저밴드 상한선(에코프로비엠)

POSCO홀딩스(005490)

POSCO홀딩스는 제선·제강, 압연재 생산·판매와 2차전지 소재 리튬 생산업체로 2차전지 테마의 활성화로 인한 포스코 그룹주들의 강세 수혜로 7월 12일 볼린저밴드(이동평균 기간 52, 표준편차 승수 2) 상한선을 돌파한 후 단기간에 +83%나 급등했다.

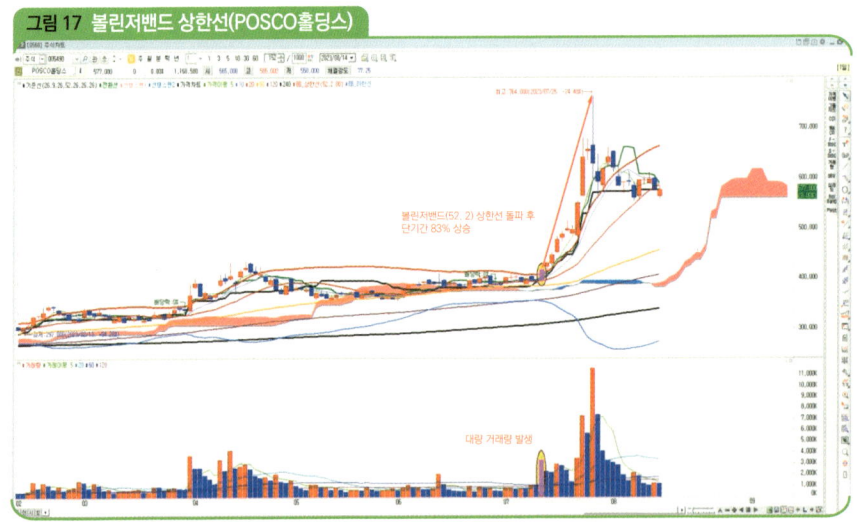

그림 17 볼린저밴드 상한선(POSCO홀딩스)

파마리서치(214450)

파마리서치는 피부미용 의료기기(주요 제품: 리쥬란, 콘쥬란 등) 관련 회사로 수출 고성장으로 인한 실적 성장에 따른 수혜로 4월 4일 볼린저밴드(이동평균 기간 52, 표준편차 승수 2) 상한선을 돌파한 후 +90% 급등했다.

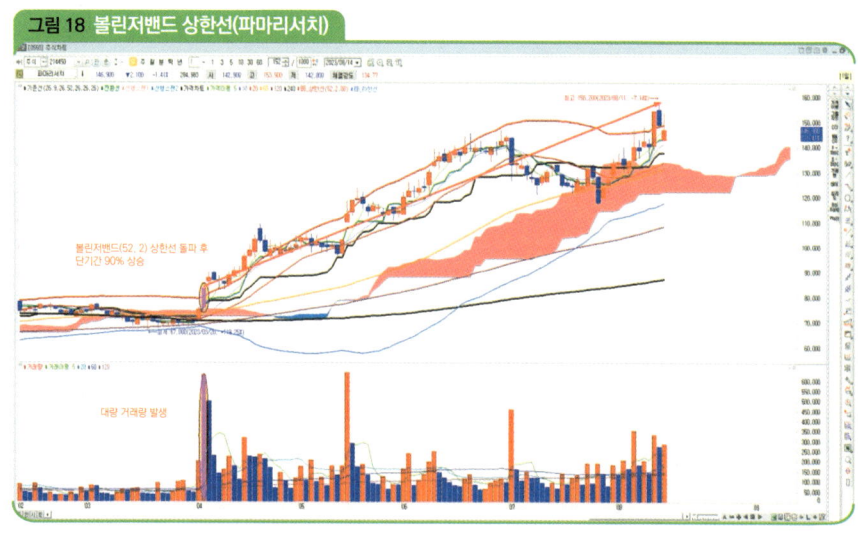

그림 18 볼린저밴드 상한선(파마리서치)

TCC스틸(002710)

TCC스틸은 원통형 배터리, 표면처리강판 전문제조 및 2차전지 철강 생산업체로 2차전지 테마 강세에 의한 수혜로 5월 12일 볼린저밴드(이동평균 기간 26, 표준편차 승수 2) 하한선을 지지한 후 단기간에 +57%나 급반등했다.

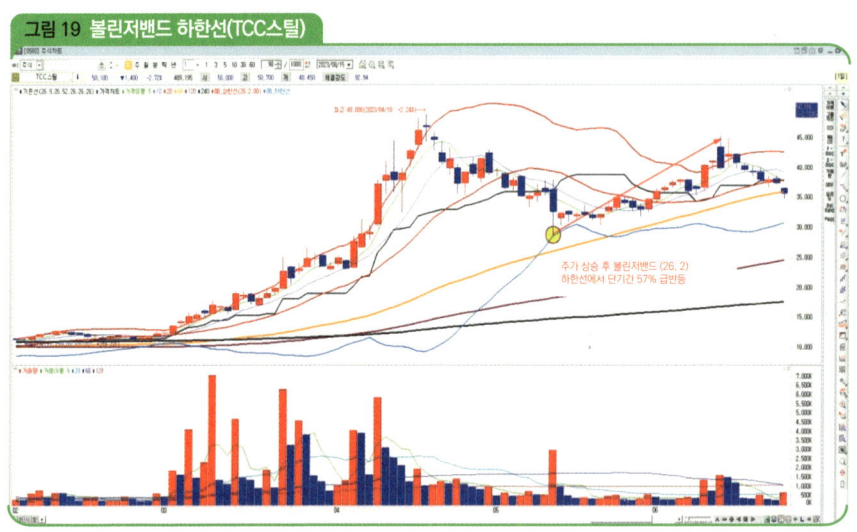

그림 19 볼린저밴드 하한선(TCC스틸)

두산테스나(131970)

두산테스나는 웨이퍼 테스트를 위주로 사업을 영위하며 시스템반도체를 전문으로 테스트만 진행하는 OSAT 업체로 정부의 경기도 용인 세계 최대 시스템반도체 단지 조성 및 삼성전자의 300조 원 규모의 용인 투자, 삼성전자의 반도체 감산에 따른 수혜로 5월 10일 볼린저밴드(이동평균 기간 26, 표준편차 승수 2) 하한선을 지지한 후 단기간에 +30%나 급반등했다.

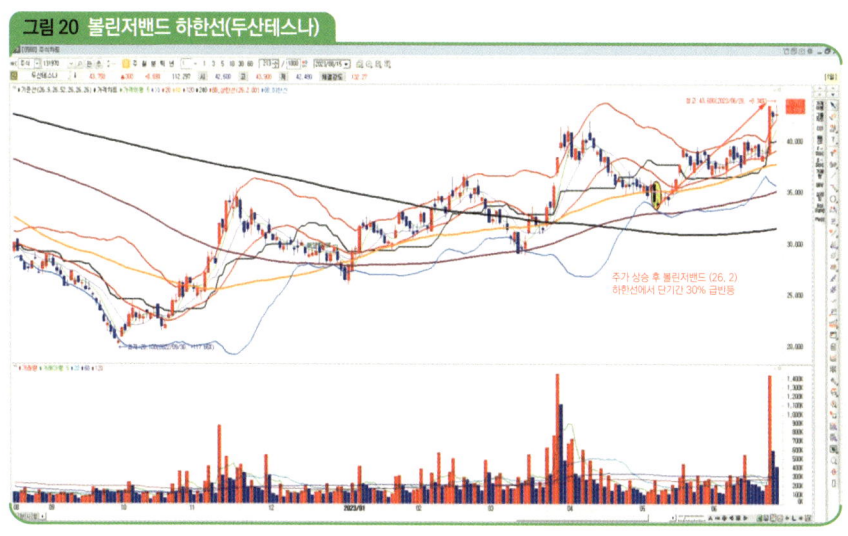

그림 20 볼린저밴드 하한선(두산테스나)

🎯 HPSP(403870)

HPSP는 세계 유일의 고압수소 어닐링 장비제조업체로 AI 반도체 수요 증가로 인한 반도체 테마 강세와 반도체 업종 투자심리 개선으로 4월 25일 볼린저밴드(이동평균 기간 26, 표준편차 승수 2) 하한선을 지지한 후 단기간에 +50% 이상 급반등했다.

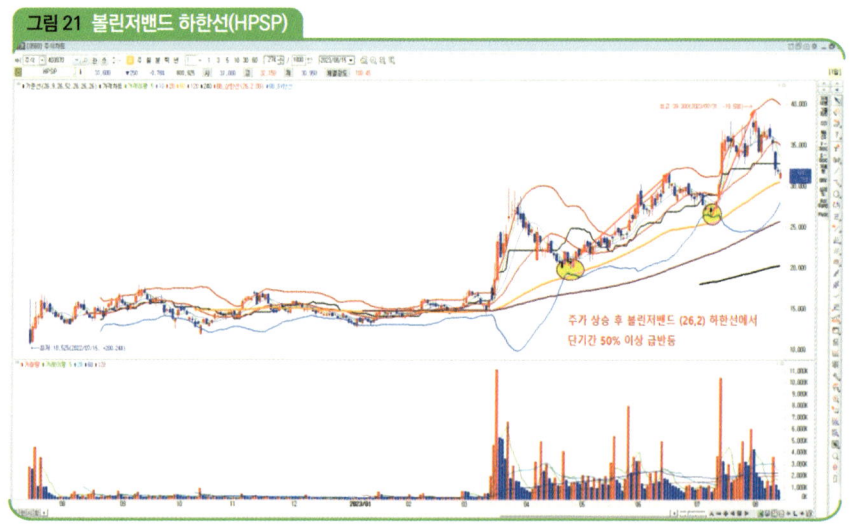

그림 21 볼린저밴드 하한선(HPSP)

셀바스헬스케어(208370)

셀바스헬스케어는 의료 진단기기 및 시각보조공학기기 제품 개발·판매 업체로 정부의 의료기기 육성정책 및 모회사 셀바스 AI 상승으로 인한 수혜로 5월 17일 볼린저밴드(이동평균 기간 26, 표준편차 승수 2) 하한선을 지지한 후 단기간에 +45%나 급반등했다.

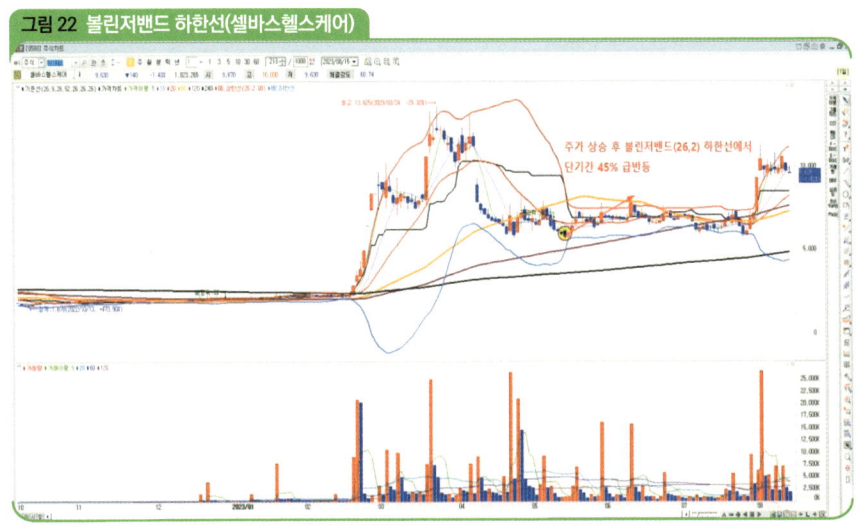

그림 22 볼린저밴드 하한선(셀바스헬스케어)

에코프로(086520)

에코프로는 2차전지 관련 양극 소재 전문업체인 에코프로비엠을 자회사로 둔 기업으로 2차전지 종목군 숏스퀴즈 및 2차전지 테마 강세로 인한 수혜로 5월 15일 볼린저밴드(이동평균 기간 26, 표준편차 승수 2) 하한선을 지지한 후 단기간에 +60%나 급반등했다.

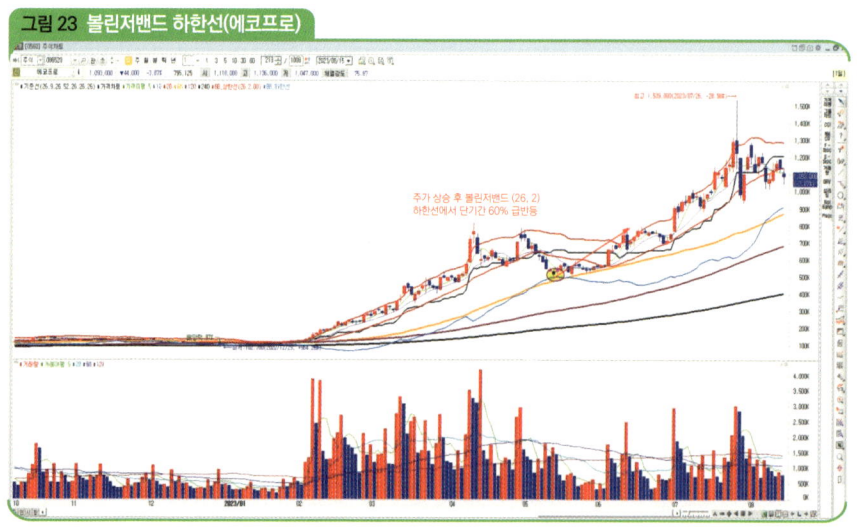

그림 23 볼린저밴드 하한선(에코프로)

SK하이닉스(000660)

SK하이닉스는 메모리 반도체 및 HBM3 생산업체로 챗GPT 등장으로 인한 AI 반도체 수요 증가로 인한 수혜로 7월 10일 볼린저밴드(이동평균 기간 26, 표준편차 승수 2)를 지지한 후 단기간에 +10% 급반등했다.

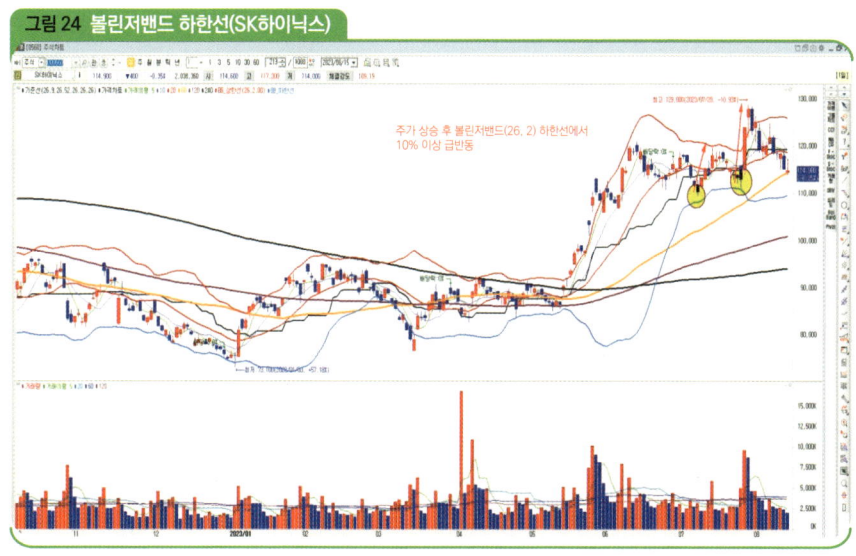

그림 24 볼린저밴드 하한선(SK하이닉스)

제2장

주식의 황금라인 (기본을 뛰어넘는 노하우)

한국은 다른 국가들보다 빠른 인터넷 발달로 트레이더가 가장 많은 시장이다. 미국 시장과 달리 한국 시장은 박스권 흐름 속에서 급등락이 반복되는 특징이 있다. 이러한 시장에서는 기본적 분석뿐만 아니라 기술적 분석도 매우 중요하다. 기술적 분석은 현재 종목의 시장가치를 분석하는 방법이며 대표적인 예로 차트가 있다. 차트는 현재 주가를 시각적으로 보여주는 기술적 분석도구로 모든 기술적 분석기법은 차트를 바탕으로 탄생한다. 보조지표도 마찬가지다. 이러한 차트에서 가장 기본이 되어 나타나는 것이 바로 이동평균선이다. 한국의 상위 트레이더들은 이러한 이동평균선도 남들과 다르게 사용해 이를 바탕으로 수익을 더 잘 창출한다. 그럼 이제 한국 상위 트레이더들이 어떤 차트 설정을 하는지 그 노하우를 알아보자.

2-1 주식 프로들의 황금라인 활용법, 이동평균선

차트를 설정하기 전에 먼저 가장 기본적이고 중요한 이동평균선에 대해 알아보자. 이동평균선이란 일정 기간의 주가를 산술평균한 선이다. 이동평균선 안에는 수많은 투자자의 종목에 대한 투자가격 평균이 들어 있어 가격 결정 심리가 녹아든 지표라고도 한다. '주식은 심리 싸움'이라는 말도 있듯이 투자자들이 투자한 가격의 평균을 시각적으로 보면 어디서 공포를 느끼고 어디서 환호하는지 알 수 있으므로 이동평균선을 잘 활용하면 절호의 매매 타이밍을 잡을 수 있다.

★ 이동평균선의 종류

이동평균선은 단순이동평균선, 가중이동평균선, 지수이동평균선 3가지로 나뉜다. 먼저 단순이동평균선은 특정 기간 주가의 합을 특정 기간으로 나누어 선으로 표현한 것으로 일반적인 평균 개념으로 만든 이동평균선이다. 가중이동평균선은 특정 기간 주가의 가중치를 부여해 만든 이동평균선으로 주가가 높을수록 더 높은 가중치가 부여되는 특징이 있다. 마지막으로 지수이동평균선은 특정 기간 지수함수를 적용해 만든 이동평균선으로 주가가 높을수록 더 높은 가중치가 부여되는 것이 특징이다.

★ 이동평균선의 특징

이동평균선은 기본적으로 주가 추세를 파악하는 데 유용한 것이 특징이다. 이동평균선은 주가의 평균을 선으로 표현했기 때문에 주가 추세가 위로 향했는지, 아래로 향했는지, 옆으로 횡보하는지 쉽게 파악할 수 있다. 그리고 이동평균선은 과매수·과매도 구간을 식별하는 데도 효과적이다. 주가는 이동평균선을 기준으로 급격한 상승이 나오면 이격도가 벌어지는데 시간이 지나면 이격은 다시 줄어든다. 그래서 이동평균선과 상승으로 이격이 많이 벌어지면 과매수, 하락으로 이격이 많이 벌어지면 과매도로 이동평균선에 이격도를 이용하면 과매수·과매도 구간을 식별하는 데 효과적이다. 마지막으로 이동평균선은 매매 타이밍을 잡는 데도 효과적이다. 이동평균선 안에는 사람들의 가격 결정 심리가 녹아들어 있다고 말했다. 따라서 이것을 잘 활용하면 시장 참여자들이 매수하고 싶어 하는 구간에서 함께 매수할 수 있고 매도하고 싶어 하는 구간에서 함께 매도할 수 있어 매매 타이밍을 잡는 데 유용하다.

★ 기본적인 이동평균선 설정

상위 트레이더들은 5, 10, 20, 40, 60, 120, 220, 440일선을 사용한다. 5일선은 주식시장이 5거래일로 1주일이 이루어져 있으므로 1주일선으로 해석되며 주식 프로들은 이것을 단기선으로 사용한다. 10일선은 2주일간의 거래일을 나타낸 선으로 해석되며 주가는 단기 조정 때 10일선에서 반등이 잘 나온다. 따라서 주식 프로들은 10일선을 '단기 지지선'으로 많이 사용한다.

20일선은 1개월간의 주가 평균을 나타낸 선으로 투자자들의 심리가 가장 많이 반영되어 있다. 따라서 20일선은 대중적으로 '심리선'으로 불리며 단기 스윙 매매 때 많이 참고하는 이동평균선이다. 40일선은 2개월간의 주가 평균을 나타낸 선으로 주가가 가격 조정(눌림) 때 40일선 부근에서 높은 확률로 많이 반등하게 된다. 따라서 프로 트레이더들이 중기 지지선으로 많이 사용하며 주가 가격조정의 '생명선(매매라인)'이다. 60일선은 3개월간의 주가 평균을 나타낸 이동평균선으로 수요와 공급을 파악하기 편해 '수급선'이라고도 불린다.

120일선은 6개월간의 주가 평균을 나타낸 선으로 경기 사이클과 유사하게 움직여 '경기선'이라고 불린다. 220일선은 1년간의 주가 평균을 나타낸 선으로 이 근처에서 강력한 지지나 저항이 나타나므로 강력한 '매물선'이다. 그런데 여기서 220일선이 왜 1년선인지 궁금한 분들도 계실 것이다. 주식 시장에서 1개월은 통상적으로 20거래일이고 1년은 240거래일이지만 공휴일과 휴일(명절 포함) 등을 빼면 1년이 약 220거래일이기 때문에 220일선을 사용한다. 마지막으로 440일선은 1년선인 220일선의 2배인 2년선으로 2년간의 주가 평균을 나타낸 선이다. 440일선은 2년간의 평균을 나타낸 선이므로 매우 강력한 매물선으로 해석된다.

이동평균선의 설정법 예

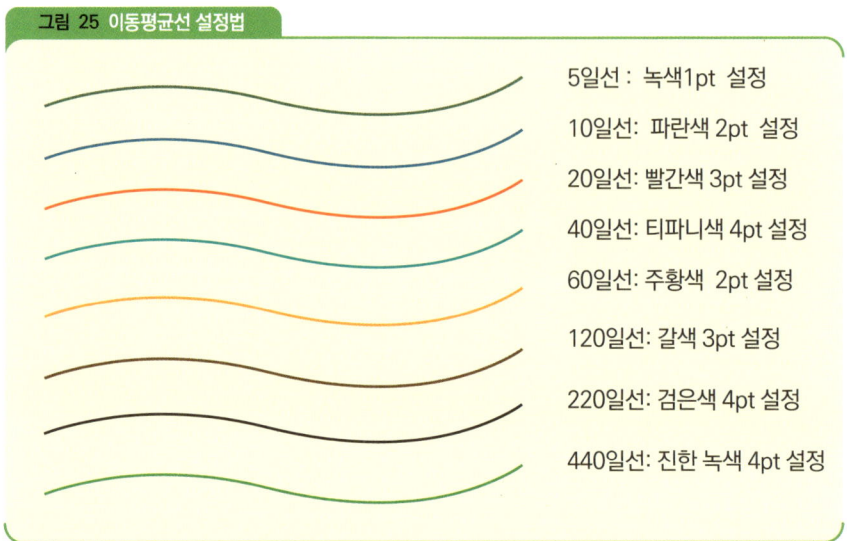

그림 25 이동평균선 설정법

- 5일선 : 녹색1pt 설정
- 10일선: 파란색 2pt 설정
- 20일선: 빨간색 3pt 설정
- 40일선: 티파니색 4pt 설정
- 60일선: 주황색 2pt 설정
- 120일선: 갈색 3pt 설정
- 220일선: 검은색 4pt 설정
- 440일선: 진한 녹색 4pt 설정

　이동평균선 설정법으로는 단기선인 5일선은 녹색으로 1pt, 10일선은 파란색으로 2pt, 20일선은 빨간색으로 3pt로 설정한다. 중기선인 40일선은 티파니색으로 4pt, 60일선은 주황색으로 2pt, 120일선은 갈색으로 3pt로 설정한다. 마지막으로 장기선인 220일선은 검은색으로 4pt, 440일선은 진한 녹색으로 4pt로 설정하면 된다.

2-2 주가 변동성 활용, 주식 프로들의 기간 조정 시 매매 노하우

　다음은 주식 프로들의 주가 기간 조정 때의 매매 노하우다. 우선 주가의 기간 조정이란 주가가 상승 후 옆으로 횡보하는 것으로 주식 프로들은 주가가 상승 후 횡보할 때 10일선에서의 반등을 노리며 매수 타이밍을 잡는다. 강한 종목은 10일선까지 기간 조정을 주지 않는 경우가 있으므로 10일선 부근에서 분할매수한다. 손절의 경우, 종가가 10일선 이탈 후 2~3일 안에 10일선 재탈환에 실패하면 손절하거나 비중을 축소한다.

★ 10일선(강한 종목의 추세선) 예

인벤티지랩(389470)

장기 지속형 주사제 플랫폼 업체로 동 종목은 비만치료제 관련주이며 비만치료제로 IVL3005(2개월 지속형), IVL3021(1개월)을 개발 중이며 비만치료제 세마글루타이드에 자체 플랫폼 기술을 적용한 파이프라인 IVL3021의 전임상에서 30일이라는 안정적인 효과를 확인했으며 처방 최적화를 진행 중이다.

기술적 분석

주가 상승 이후 기간 조정을 거쳐 10일선(단기 지지선) 부근에서 반등 및 상승

그림 26 인벤티지랩

뷰노(338220)

의료 AI 관련주로 AI 의료기기인 신제품 '딥카스'의 성장과 AI 의료기기 건강보험 첫 적용 가능성의 모멘텀으로 상승

* 딥카스 (입원 환자의 24시간 내 심정지 발생 위험도를 제시)

기술적 분석

주가 상승 이후 기간 조정을 거쳐 10일선 부근에서 반등 및 상승

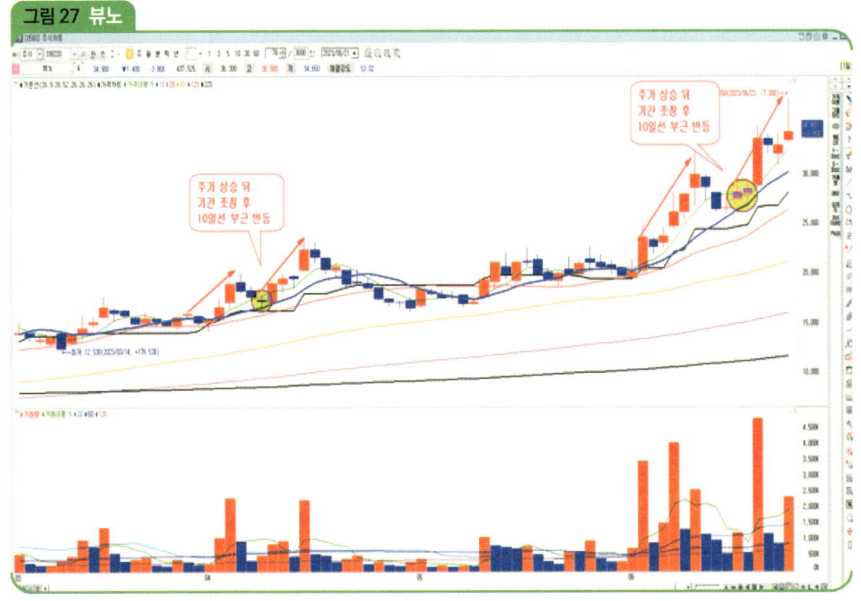

그림 27 뷰노

한미반도체(042700)

반도체 HBM 장비 관련주로 엔비디아의 GPU에 HBM 제품이 탑재되면서 GPU에 동반되는 HBM을 붙여주는 TC 본딩 장비를 제조하고 있다.

기술적 분석

주가 상승 이후 기간 조정을 거쳐 10일선(단기 지지선) 부근에서 반등 및 상승

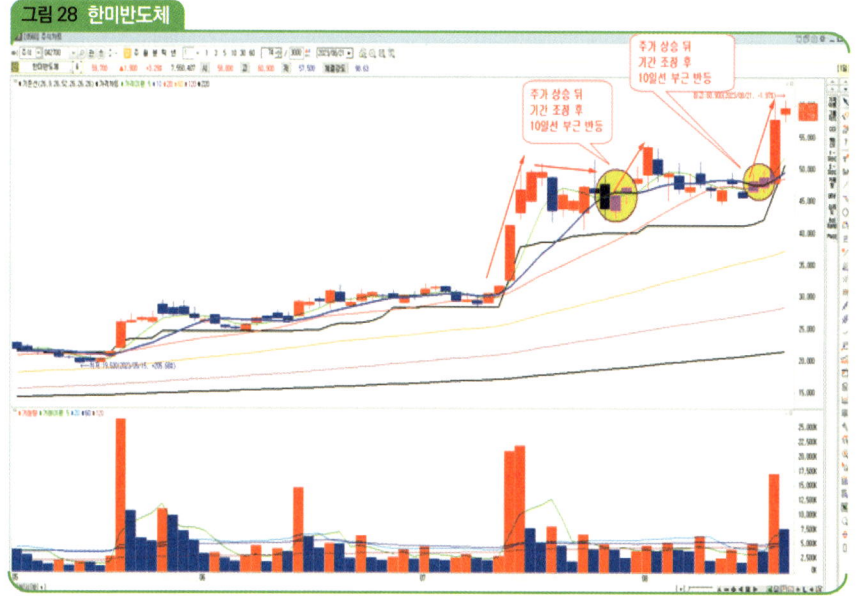

그림 28 한미반도체

이오테크닉스(039030)

삼성전자에 레이저 어닐링 장비 납품 및 삼성전자 D램 향으로 스텔스 다이싱 장비 시양산 테스트 중이다.

기술적 분석

주가 상승 이후 기간 조정을 거쳐 10일선(단기 지지선) 부근에서 반등 및 상승

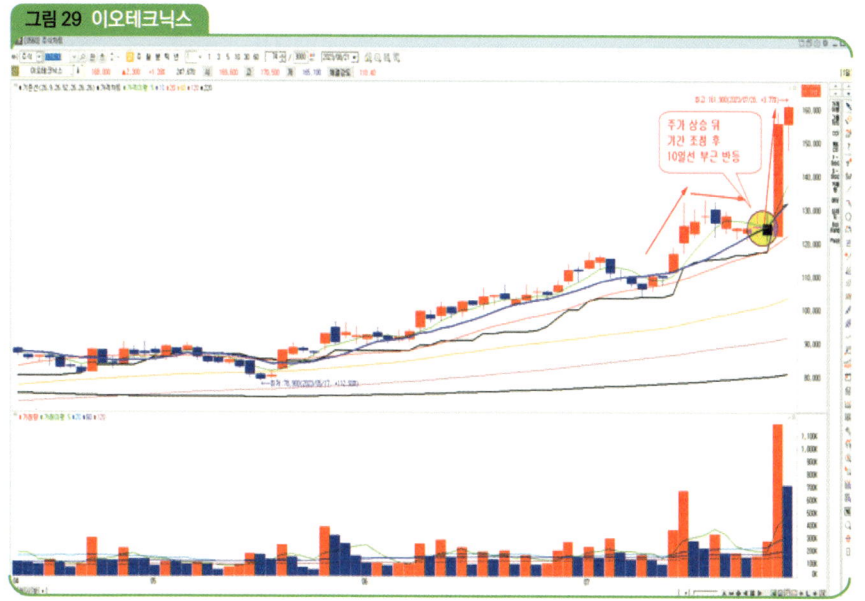

그림 29 이오테크닉스

🎯 인성정보(033230)

의료 AI 및 비대면 진료 관련주이자 IT 인프라 라이프사이클 전반을 책임지는 종합 IT 서비스 업체로 비대면 진료 확대에 따른 수혜주다.

기술적 분석

주가 상승 이후 기간 조정을 거쳐 10일선(단기 지지선) 부근에서 반등 및 상승

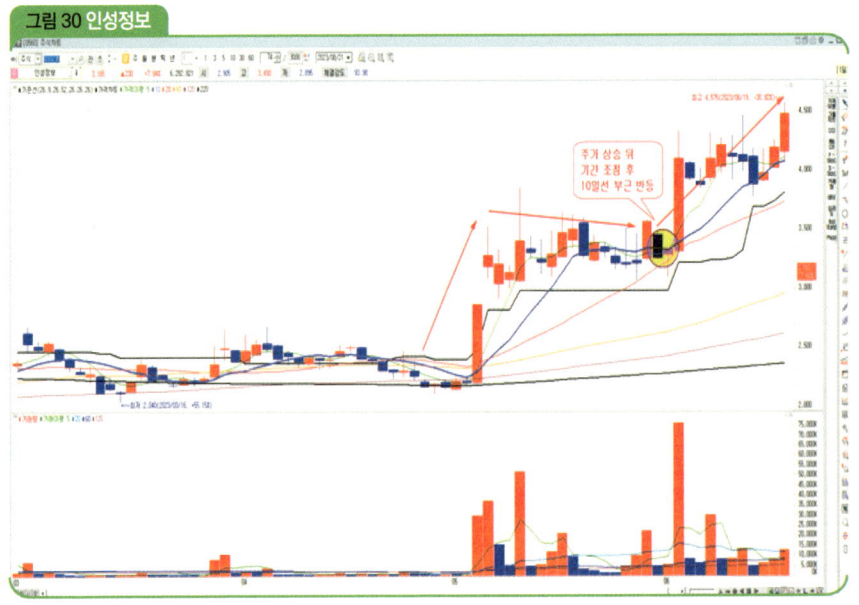

그림 30 인성정보

지니너스(389030)

의료 AI 관련주로 AI를 활용한 유전체 분석기술과 의료 빅데이터를 기반으로 차세대 정밀의료 시장을 선도하는 바이오인포매틱스 전문기업이다.

기술적 분석

주가 상승 이후 기간 조정을 거쳐 10일선(단기 지지선) 부근에서 반등 및 상승

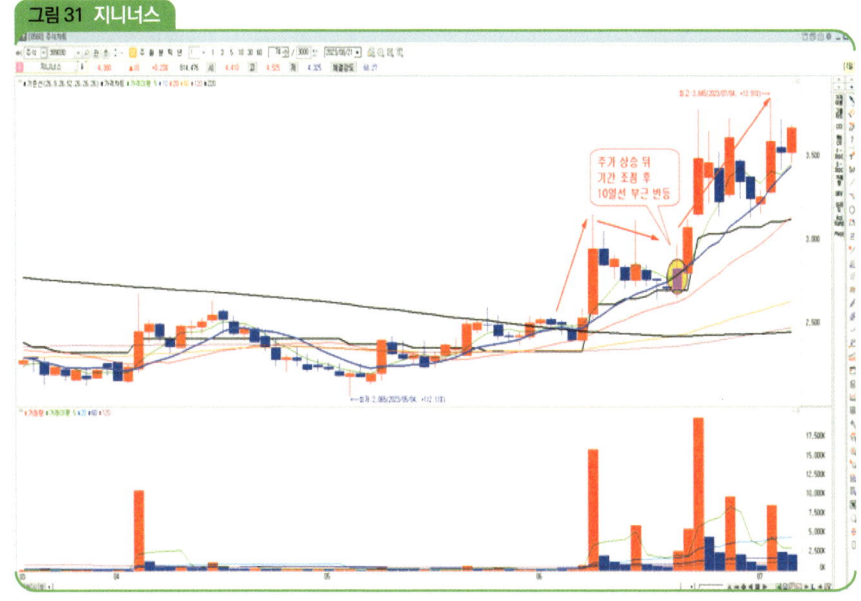

그림 31 지니너스

2-3 주식 프로들이 매매 타이밍을 잡는 숨은 노하우

   주식 프로들은 종목의 주가가 기간 조정이 아닌 가격조정 때 40일선에서의 반등을 노리며 매매로 접근한다. 앞에서 40일선은 주가가 가격조정 때 가장 높은 확률로 주가의 반등이 나오는 자리라고 말했다. 매매법으로는 주가 가격조정 때 40일선 부근부터 40일선까지 분할매수하며 종가가 40일선 대비 -3% 이상 이탈한 후 2~3일 안에 40일선 재탈환에 실패하면 비중을 축소한다.

신테카바이오(226330)

의료 AI 관련주이자 AI 인공지능 및 슈퍼컴퓨팅 기술을 통한 AI 신약개발 회사로 플랫폼 기술인 AI 신약 플랫폼 서비스와 유전체 빅데이터 플랫폼 기술을 보유하고 있다.

기술적 분석

주가 상승 이후 기간 조정을 거쳐 20일선에서 이탈한 후 40일선(프로들의 매매 생명선: 하늘색선) 부근에서 반등 및 상승

그림 32 신테카바이오

HPSP(403870)

동사는 반도체 미세화 공정에 필수인, 세계 유일의 고압수소 어닐링 장비 제조업체다.

기술적 분석

주가 상승 이후 기간 조정을 거쳐 잠시 20일선에서 이탈한 후 40일선(주식 프로들의 매매 생명선: 하늘색선) 부근에서 반등 및 상승

지니너스(389030)

의료 AI 관련주로 AI를 활용한 유전체 분석기술과 의료 빅데이터를 기반으로 차세대 정밀의료 시장을 선도하는 바이오인포매틱스 전문기업이다.

기술적 분석

주가 상승 이후 기간 조정을 거쳐 잠시 20일선에서 이탈한 후 40일선(주식 프로들의 매매 생명선: 하늘색선) 부근에서 반등 및 상승

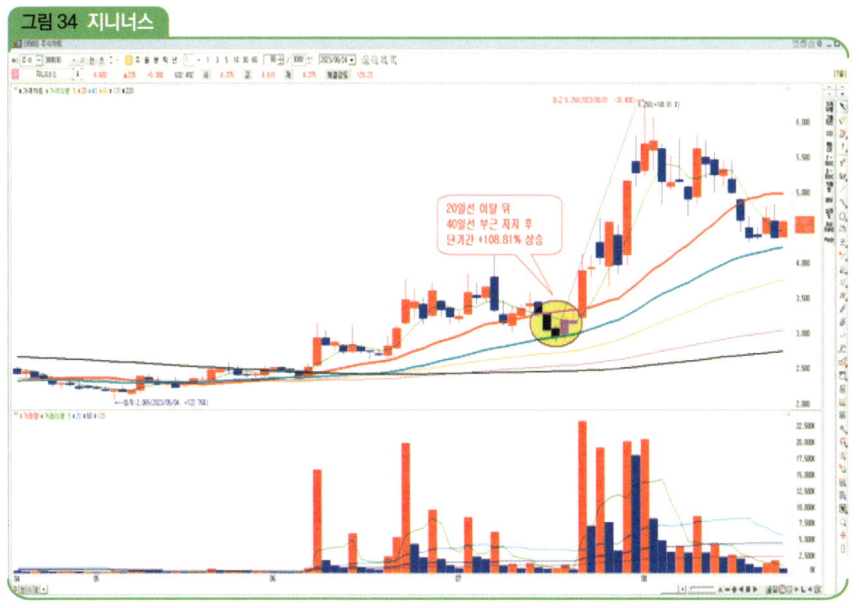

그림 34 지니너스

국전약품(307750)

샤페론 및 치매 관련주로 경구용 치매치료제 국내 독점권을 보유 중이며 완제 의약품의 전 단계인 원료 의약품 사업을 영위하고 있으며 그 기술력으로 핵심 역량인 화학합성 기술을 통해 원료 의약품뿐만 아니라 OLED 소재, 반도체 소재, 2차전지용 전해질 첨가제, 일반 케미컬 합성 등을 제공하며 케미컬 토탈 솔루션 기업으로 성장 중이다.

기술적 분석

주가 상승 이후 기간 조정을 거쳐 잠시 20일선에서 이탈한 후 40일선(주식 프로들의 매매 생명선: 하늘색선) 부근에서 반등 및 상승

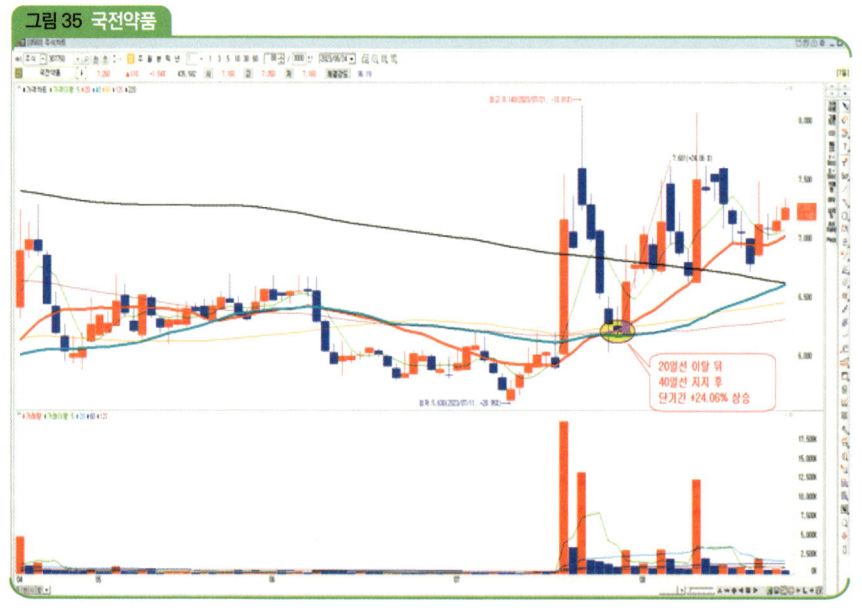

그림 35 국전약품

이수페타시스(007660)

인공지능(AI) 및 엔비디아 관련주로 전자제품의 핵심부품인 인쇄회로기판(PCB)을 전문으로 생산하고 있으며 AI 관련 MLB(다층회로기판) 매출 증가 및 성장성 이슈 부각으로 조정을 받은 후 상승하고 있다.

기술적 분석

주가 상승 이후 기간 조정을 거쳐 잠시 20일선에서 이탈한 후 40일선(주식 프로들의 매매 생명선: 하늘색선) 부근에서 반등 및 상승

레인보우로보틱스(277810)

휴보(휴머노이드) 이족보행 로봇 및 다양한 로봇 플랫폼 업체로 삼성 지분 투자 및 삼성 봇핏 협업 이슈가 있다.

기술적 분석

주가 상승 이후 기간 조정을 거쳐 잠시 20일선에서 이탈한 후 40일선(주식 프로들의 매매 생명선: 하늘색선) 부근에서 반등 및 상승

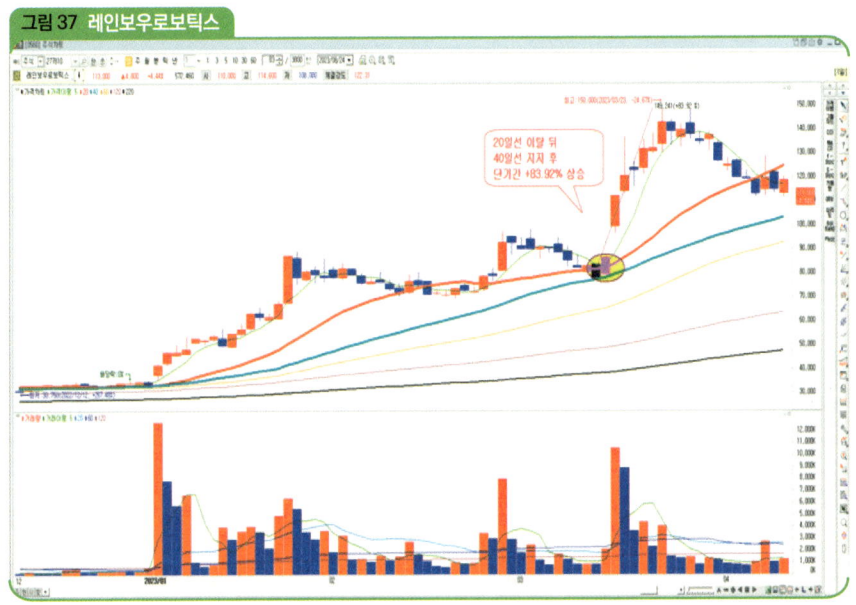

그림 37 레인보우로보틱스

금양(001570)

2차전지 관련주로 본업은 합성수지, 고무 등 고분자 재료에 첨가되는 화공약품인 발포제 및 발포제 관련 제품 제조다. 신사업으로 2차전지 리튬배터리의 핵심재료인 수산화리튬 가공과 2차전지 성능향상을 위한 지르코늄 첨가제 사업 등을 영위하고 있다.

기술적 분석

주가 상승 이후 기간 조정을 거쳐 잠시 20일선에서 이탈한 후 40일선(주식 프로들의 매매 생명선: 하늘색선) 부근에서 반등 및 상승

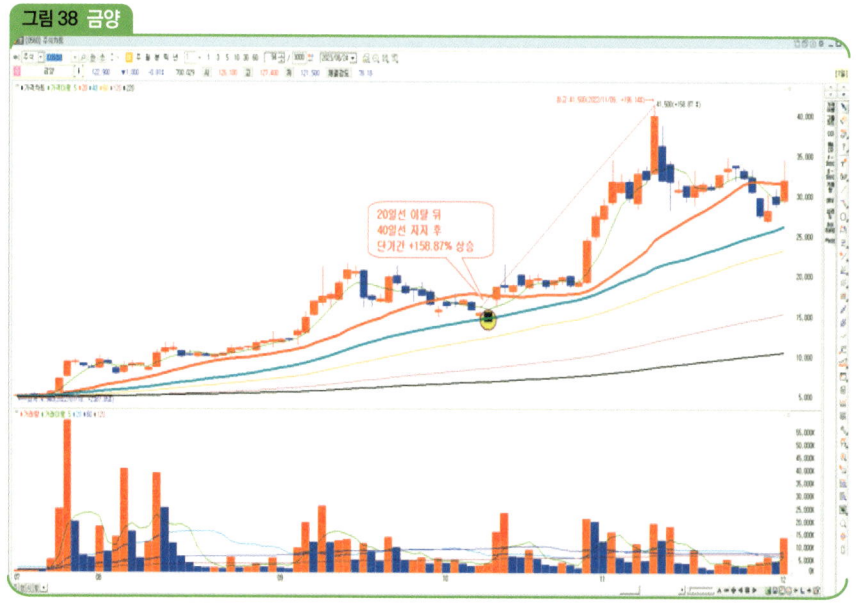

그림 38 금양

2-4
주가의 골드(GOLD) 밴드

 '주가의 골드 밴드'란 현재 주가의 눌림 자리가 전에 있던 저항 자리에 있는 것을 말한다. 즉, 과거에 저항을 받던 자리를 돌파한 후 그 저항 자리에서 주가의 눌림이 만들어지는 것을 선으로 연결한 것이다. 주가는 저항을 받던 자리를 돌파하면 그 저항 자리가 강력한 지지선으로 다시 바뀌게 된다. 이러한 주가의 지지와 저항 원리를 이용해 만든 것이 주가 골드 밴드이며 주가의 골드 밴드가 20일선과 40일선 부근에서 만들어지면 신뢰도 높은 매수 타이밍이 된다.

에코프로(086520)

에코프로는 2차전지 관련 양극 소재 전문업체인 에코프로비엠과 에코프로머티리얼즈 등을 자회사로 둔 2차전지 관련 지주사다.

기술적 분석

20일선과 40일선 부근에서 만들어진 저항 및 지지 밴드인 주가 골드 밴드(가로로 된 노란색 저항선 및 지지선 막대밴드)를 돌파해 지지하면 주가는 상승!

그림 39 에코프로

실리콘투(257720)

화장품 관련주로 K-Beauty 브랜드 제품을 자사 플랫폼 'Stylekorean.com'을 활용한 화장품 유통무역업체다.

기술적 분석

20일선과 40일선 부근에서 만들어진 저항대인 주가 골드 밴드(가로로 된 노란색 저항선 및 지지선의 막대밴드)를 돌파해 지지하면 주가는 상승!

한미반도체(042700)

반도체 HBM 장비 관련주로 엔비디아의 GPU에 HBM 제품이 탑재되면서 GPU에 동반되는 HBM을 붙여주는 TC 본딩 장비를 제조하고 있다.

기술적 분석

20일선 부근에서 만들어진 저항대(박스권 상단)를 돌파한 후 주가 골드 밴드(가로로 된 노란색 저항선 및 지지선의 막대밴드)를 돌파해 지지하면 주가는 추가 상승!

그림 41 한미반도체

롯데관광개발(032350)

중국 요우커 관련주로 국내 첫 도심형 복합리조트인 제주 드림타워 복합리조트를 오픈하며 대한민국 대표 관광·레저기업으로 부각되었다.

기술적 분석

20일선 위에서 형성된 박스권 저항대(단기 고점)를 돌파한 후 만들어진 주가 골드 밴드(가로로 된 노란색 저항선 및 지지선의 막대밴드)를 주가가 돌파해 지지하면 주가는 상승!

그림 42 롯데관광개발

2-5 주가의 VP 밴드

　주가의 VP 밴드란 'Volume Profile 밴드'의 약자로 매물 밴드 즉, '매물대'를 의미한다. 이러한 매물대는 이동평균선처럼 하나의 선이 아닌 밴드 즉, 구간으로 구성되어 있다. 매물 밴드가 강력하게 작용하는 구간은 220일선과 240일선 사이, 440일선과 480일선 사이이다. 왜냐하면 일반적으로 개인투자자들은 1년선인 240일선과 2년선인 480일선을 많이 사용하는데 앞에서 말했듯이 공휴일과 휴일을 빼면 실제 거래일은 1년에 220일과 2년에 440일이 된다. 따라서 이러한 차이 때문에 주가가 그 구간에 있으면 강력한 지지나 저항을 받게 된다.

크래프톤(259960)

크래프톤 본사 산하 총 9개 개발 스튜디오를 갖추고 '배틀그라운드', '뉴스테이트 모바일', '서브 노티카' 등 19개 게임을 서비스하고 있다.

기술적 분석

VP 매물 밴드(220일 및 240일 중기 이동평균선 매물대)가 저항대와 지지선으로 되어 있다.

그림 43 크래프톤

에코프로(086520)

에코프로는 2차전지 관련 양극 소재 전문업체인 에코프로비엠과 에코프로머티리얼즈 등을 자회사로 둔 지주사다.

기술적 분석

VP 매물 밴드(220일 및 240일 중기 이동평균선 매물대)가 저항대와 지지선으로 되어 있는 부분

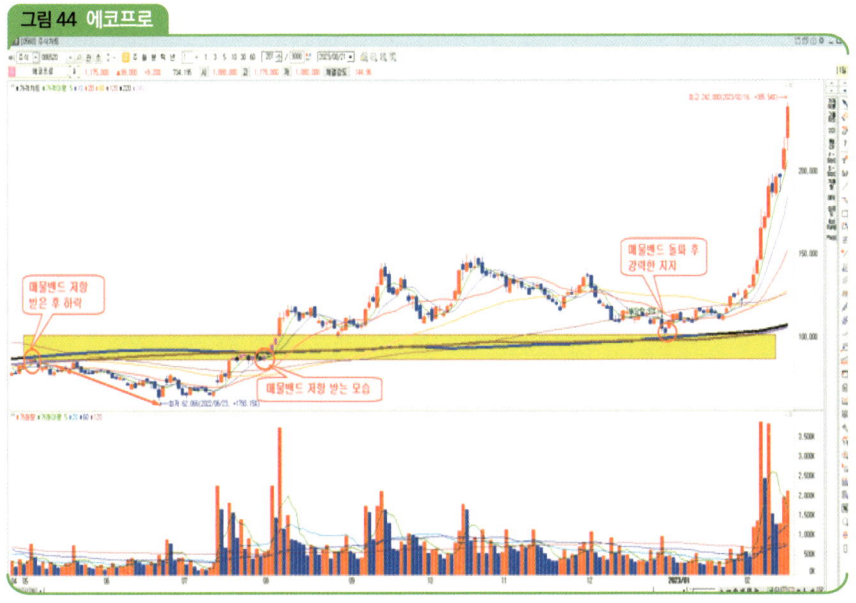

그림 44 에코프로

한국화장품(123690)

화장품 관련 테마주로 화장품을 판매하며 더 샘인터내셔날은 브랜드숍 관련 화장품 판매를 영위하고 있다.

기술적 분석

VP 매물 밴드(220일 및 240일 중기 이동평균선 매물대)가 저항대 밴드로 되어 있는 부분. 매물 저항을 받은 후 하락

제3장

주식 프로들의
시그니엘 캔들:
주인공 매매기법

3-1
캔들 주인공 매매기법

   캔들이란 당일 시가, 종가, 저가, 고가를 하나의 막대그래프로 표시한 것이다. 따라서 이러한 캔들은 거래량과 거래대금을 포함해 크기와 모양, 패턴을 통해 시장 참여자들의 심리를 투영하고 있다. 장대 양봉은 강한 매수 신호를 나타내는 긍정적인 신호이지만 반대로 장대 음봉은 강한 매도 신호를 나타내는 부정적인 신호다.

   이처럼 시장 참여자들의 심리가 캔들의 크기, 모양, 패턴을 만들어낸다. 수많은 캔들 중에서도 가장 중요한 핵심 캔들은 존재한다. 이러한 시장에서의 중요한 핵심 캔들을 기준으로 만든 매매기법이 바로 필자가 만든 '캔들 주인공 매매기법'이다. 이 기법에 담긴 원리와 이 기법을 200% 활용하는 방법을 알아보자.

★ 주인공 매매기법(캔들)

   수많은 캔들 중에서도 가장 중요한 캔들이 존재한다. 영화, 드라마, 만화의 등장인물 중에서 주인공이 가장 중요하듯이 캔들 중에서도 그 '주인공 캔들'이 존재한다. 주인공 매매기법에서 설명하는 주인공 캔들은 '대량 거래량을 포함한 장대 양봉'을 의미한다. 대량 거래량을 포함한 장대 양봉은 강력한 매수의 힘을 나타내는 신호로 주식투자에서 매우 중요하다.

여기서 핵심은 대량 거래량이다. 세력은 개인투자자를 속이기 위해 수많은 방법을 쓰지만 절대로 속일 수 없는 것이 하나 있다. 바로 거래량이다. 거래량은 거래한 주식 수와 주가를 곱한 값으로 표현되는데 한 종목에 많은 자금을 사용하면 사용할수록 거래량은 계속 증가하게 된다.

즉, '장대 양봉'은 앞에서 말했듯이 강력한 매수 신호를 나타낸 것이고 여기에 거래량은 신뢰도를 더해주는 역할을 한다. 그래서 '장대 양봉 캔들'이 나왔는데 거래량이 많이 동반되었다는 것은 그만큼 신뢰도 높은 매수 신호가 나왔음을 의미한다. 따라서 대량 거래량을 포함한 장대 양봉이 주인공 매매기법에서 가장 핵심이 된다. 다음 그림은 주인공 캔들의 중요한 지점을 표시한 것이다.

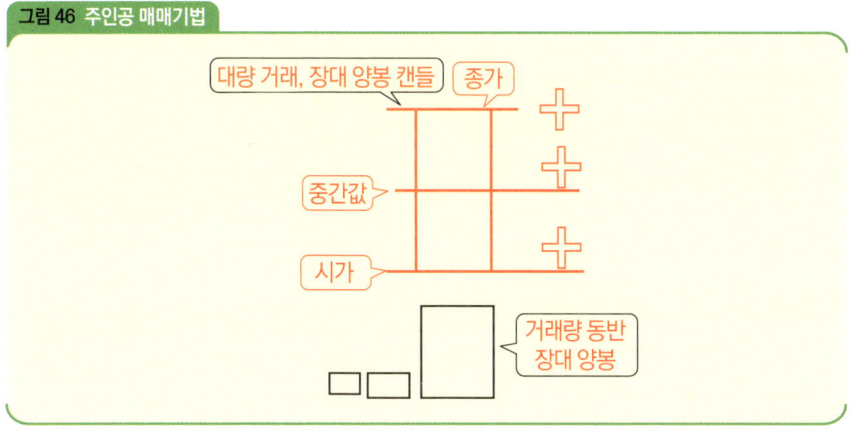

그림 46 주인공 매매기법

먼저 주인공 캔들의 종가는 매수세가 매도세를 얼마나 이겼는지를 최종적으로 보여주는 것으로 매수세가 매도세를 강하게 이길수록 윗꼬리는 없거나 짧다. 따라서 주인공 캔들이 등장했을 때 윗꼬리가 없거나 짧을수록 더 강한 매수세가 나온 것으로 해석된다. 그다음으로 주인공 캔들의 중간값은 캔들 힘의 세기 전환이 나오는 구간이다. 주가가 주인공 캔들의 중간값에서 이탈하면 캔들의 힘이 이전보다 약해진다.

또한, 힘이 있는 종목이라면 대부분 주인공 캔들의 중간값에서 다시 반등이 나온다. 따라서 주인공 캔들의 중간값은 캔들 힘의 세기를 판단하는 매우 중요한 구간이 된다. 마지막으로 주인공 캔들의 시가는 주인공 캔들이 처음 발생한 가격이고 힘이 나온 첫 구간이다. 종목이 주인공 캔들의 시가를 이탈하면 추세가 완전히 하락 전환한다. 따라서 주인공 캔들의 시가는 최종적인 비중 축소나 손절 구간이 되므로 매우 중요한 최종 구간이다.

3-2 주인공 매매기법의 실전 매매 활용법

주인공 매매기법의 매매법은 기본적으로 주로 일봉에서 사용한다. 일봉 상 대량 거래량을 포함한 장대 양봉이 등장하면 당일 종가에 1차 매수한다. 이후 며칠 동안 종목이 눌림(하락 조정)을 주면 그 캔들의 $\frac{1}{4}$ 지점에서 2차 매수하고 캔들(장대 양봉)의 중간선에서 3차 매수한다. 그리고 가장 중요한 비중 축소나 손절선은 주인공 캔들의 시가나 저가를 이탈하면 손절하거나 비중을 대폭 축소한다.

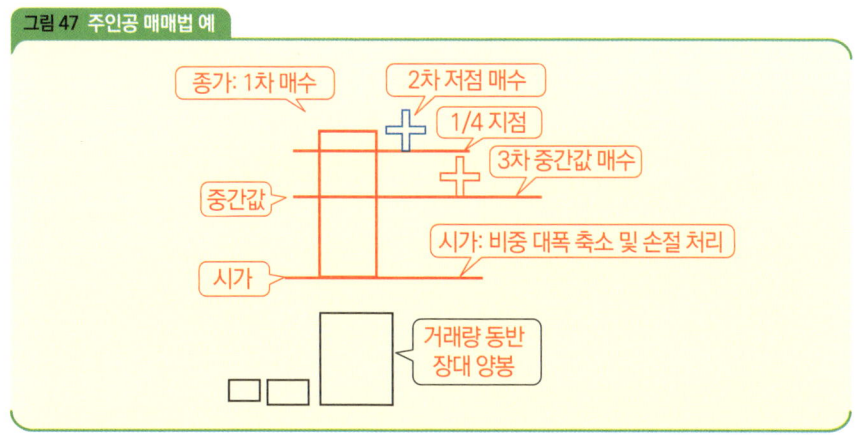

그림 47 주인공 매매법 예

이오테크닉스(039030)

　HBM 관련 반도체 후공정 레이저 장비, 레이저 응용기술을 이용해 LCD 및 OLED 디스플레이 산업, 반도체 기판을 새기는 PCB 사업(인쇄회로기판)에 사용되는 레이저 장비제조업체다.

기술적 분석

주인공 캔들(거래량 동반, 장대 양봉) 등장, 캔들 중간선 지지 이후 단기간 급상승

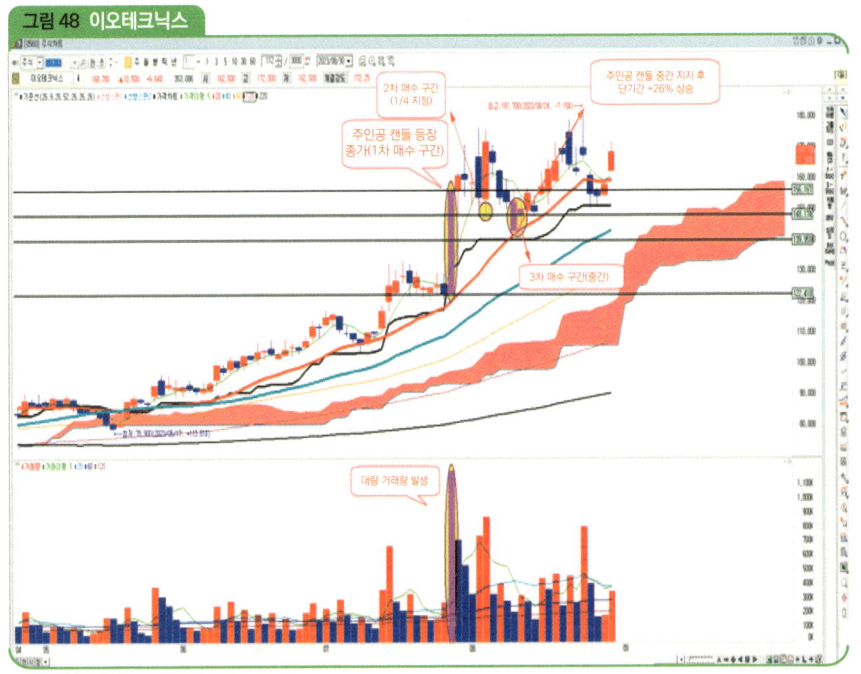

그림 48 이오테크닉스

제우스(079370)

반도체 제조 장비 중 반도체 세정장비를 주력으로 제조하는 업체다. 주요 장비는 습식 세정 장비를 제조해 LCD 생산 공정에 필요한 장비(HP/CP 시스템, 뜨거운 공기 오븐 시스템) 국산화에 성공해 LCD 장비 시장점유율 1위를 차지하고 있다. 최근 산업용 로봇 사업 부문까지 사업을 확대해 나가고 있다.

기술적 분석

주인공 캔들(거래량 동반, 장대 양봉) 등장, 캔들 중간선 지지 이후 단기간 급상승

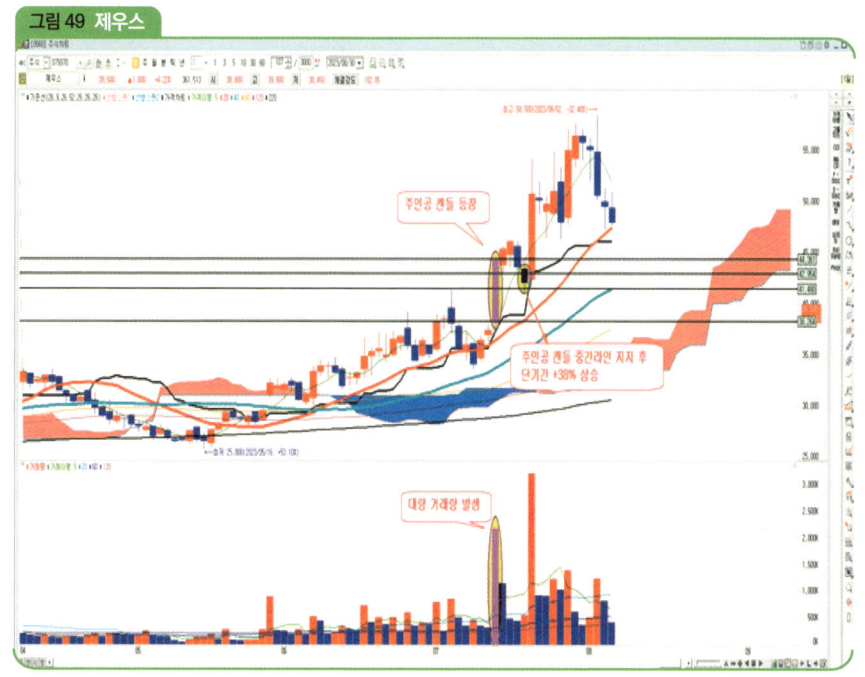

그림 49 제우스

한미반도체(042700)

반도체 후공정 패키징, AI 반도체 관련주다. 엔비디아의 GPU에 HBM 제품이 탑재되면서 GPU에 동반되는 HBM을 붙여주는 본딩 장비를 제조하고 있다.

기술적 분석

주인공 캔들(거래량 동반, 장대 양봉) 등장, 캔들 중간선 지지 이후 단기간 급상승

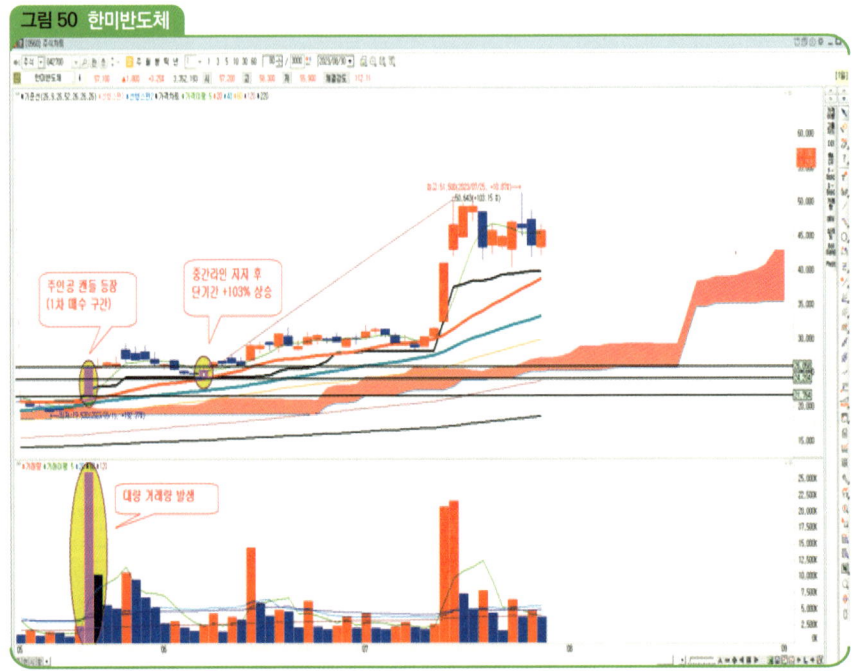

🎯 인성정보(033230)

원격의료, 의료용 AI 및 비대면 관련주다. 클라우드 기반 인공지능 컨택센터 및 하이브리드 업무환경 서비스, 인프라 매니지드 서비스, 원격진료 헬스케어, 데이터센터 등 IT 환경 변화에 따른 핵심 인프라 솔루션 및 서비스를 One-Stop으로 제공하고 있다.

기술적 분석

주인공 캔들(거래량 동반, 장대 양봉) 등장, 캔들 중간선 지지 이후 단기간 급상승

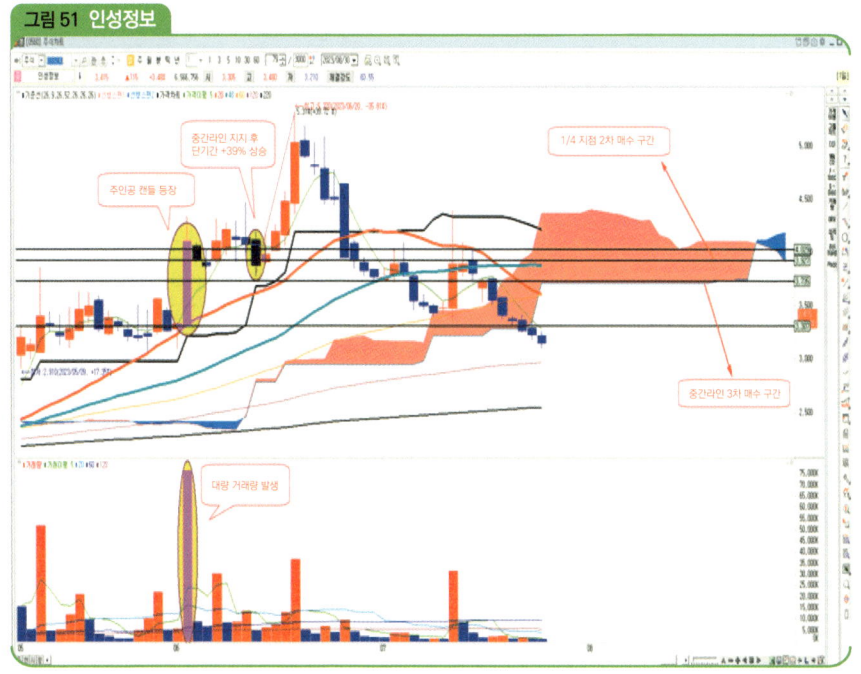

그림 51 인성정보

크리스탈신소재(900250)

흑연 광석을 통해 합성 운모 플레이크, 그래핀 등 신소재를 생산하는 기업이다.

기술적 분석

주인공 캔들(거래량 동반, 장대 양봉) 등장, 캔들의 시가 라인 지지 이후 단기간 급등

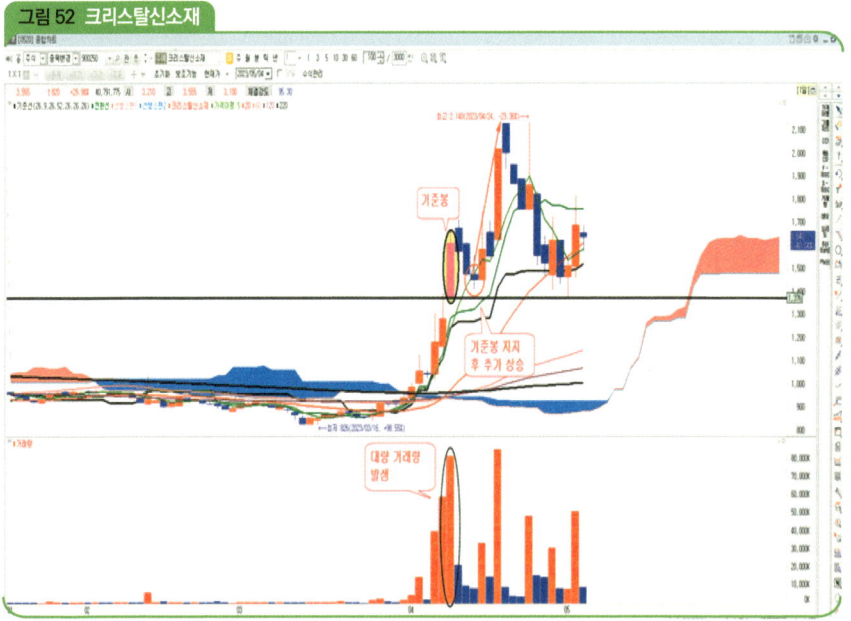

그림 52 크리스탈신소재

라온텍(418420)

OLED, 메타버스, 반도체 관련주로 메타버스 하드웨어(AR/VR 기기 등)에 사용되는 마이크로 디스플레이 및 SOC 반도체 설계 전문기업이다.

기술적 분석

주인공 캔들(거래량 동반, 장대 양봉) 등장, 캔들(장대 양봉) 중간선 지지 이후 단기간 급등

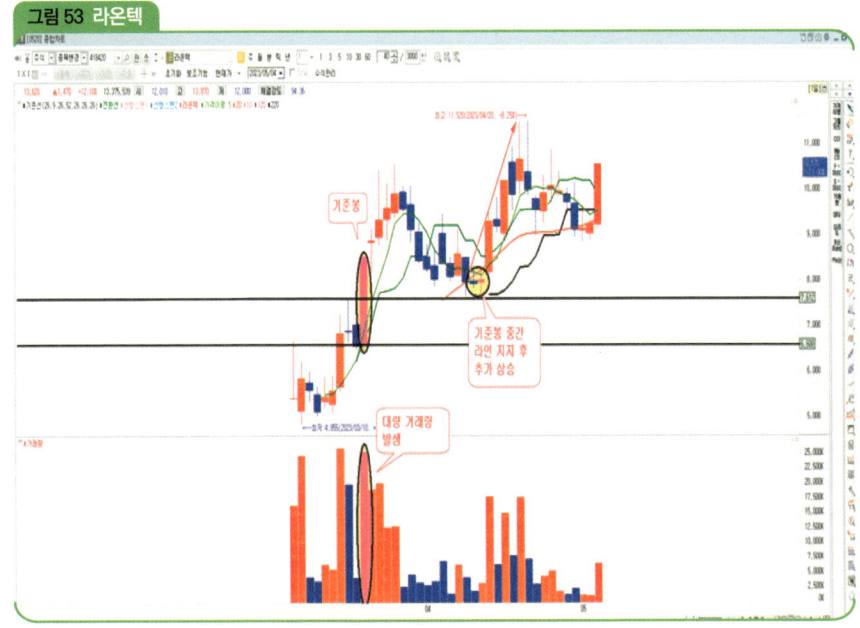

KBG(318000)

실리콘 음극재 관련주로 100% 수입에 의존하던 기능성 실리콘 중간소재를 자체 기술로 국내에서 유일하게 생산 중이다. 실리콘 모노머·레진·폴리머 등의 생산업체다.

기술적 분석

주인공 캔들(거래량 동반, 장대 양봉) 등장, 캔들(장대 양봉) 중간선 및 시가 라인 지지 이후 단기간 급등

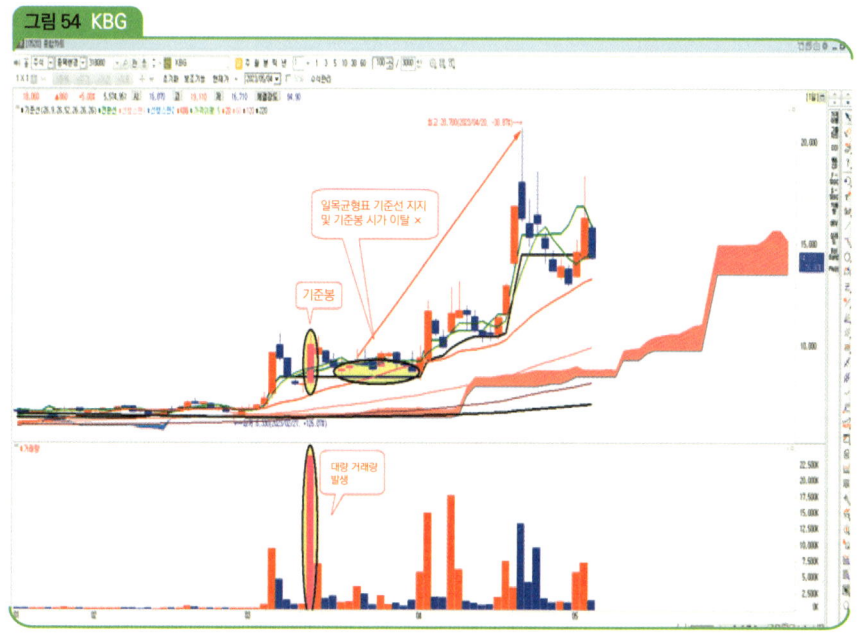

3-3
주인공 매매기법 응용법
(이것만 숙지해도 상위 트레이더가 될 수 있다!)

앞에서 설명한 주인공 매매기법은 분봉에서도 사용할 수 있다. 분봉상 주인공 매매기법은 당일 매매에서 사용하며 당일 강세 섹터를 매매할 때 매우 중요한 역할을 한다. 당일 강세 섹터의 종목들도 상승하기 위해서는 강력한 자금이 들어와야 한다. 그렇게 되면 자연스럽게 대량 거래량이 발생하고 상승하기 위해서는 위에 있는 매도세를 이겨야 하므로 장대 양봉이 나오게 된다. 따라서 강세 섹터 매매에서도 주인공 캔들 발생 여부를 확인하는 것이 매우 중요하다. 이러한 분봉 주인공 매매기법은 10분봉과 30분봉에서 활용한다.

★ **매매법**

분봉 주인공 매매기법에서의 주인공 캔들은 강세 섹터 내 종목이 일목균형표 기준선을 거래량을 포함해 장대 양봉으로 돌파하면 그 캔들이 주인공 캔들이 된다. 매매 방법으로는 주인공 캔들이 등장한 후 캔들의 몸통 안에서 분봉상 일목균형표 기준선이나 캔들의 시가까지 분할매수한다. 손절선은 분봉상 주인공 캔들의 시가나 저가로 잡으면 된다.

★ 주의사항

'분봉 주인공 매매기법'을 사용할 때 주의할 점이 있다.

첫째, 강한 섹터 내 거래대금(거래량)이 높은 종목을 공략해야 한다.

강한 섹터 내 종목이라도 당일 거래대금(거래량) 즉, 자금이 들어오지 않으면 종목들은 상승할 확률이 떨어진다. 주식시장에서 거래대금(거래량)은 사람들의 관심과 같은 것이다. 이러한 자금흐름 파악은 주식투자에서 매우 중요하다. 특히 당일 매매에서는 더더욱 중요하다고 할 수 있다.

둘째, 모멘텀, 이슈, 테마가 있는 종목을 선정해야 한다.

모멘텀, 이슈, 테마가 없으면 종목의 주가는 올라가더라도 강한 상승이 나오기 어려우므로 모멘텀, 이슈, 테마가 반드시 존재해야 한다.

셋째, 주인공 캔들을 매매할 때 주인공 캔들이 등장한 후 분할매수해야 한다.

주식투자에서 가장 중요한 것은 자신의 자산을 지키는 것이다. 주식 프로들도 매매를 할 때는 리스크 관리를 위해 분할매수를 한다. 따라서 리스크 관리를 위해서는 반드시 분할매수를 해야 한다.

마지막으로 분봉 주인공 매매는 오전 9시부터 10시 30분 사이에 사용해야 확률이 높다.

오전 9시~10시 30분 즉, 오전장은 변동성이 많은 장세이므로 강한 종목은 다시 반등이 나올 확률이 높고 그만큼 자금도 오전에 많이 들어온다. 또한, 오전장에는 변동성이 높아 주식 프로들도 오전 9시~10시 30분 사이가 수익을 가장 집중적으로 내는 시간대이기도 하다. 따라서 강세 테마는 더더욱 오전장에 반등이 나올 확률이 높으므로 이 '분봉 주인공 매매기법'은 오전에 사용해야 한다.

펩트론(087010)

비만치료제 및 당뇨 관련주로 펩타이드 공학 및 약효 지속화 기술을 바탕으로 약효 지속성 의약품의 설계와 제조기술을 개발하고 펩타이드의 합성 기술 개발과 신물질 발굴 등을 수행하고 있다.

기술적 분석

10분봉상 주인공 캔들(장대 양봉) 등장, 장대 양봉 캔들의 중간 부분 지지 이후 급등

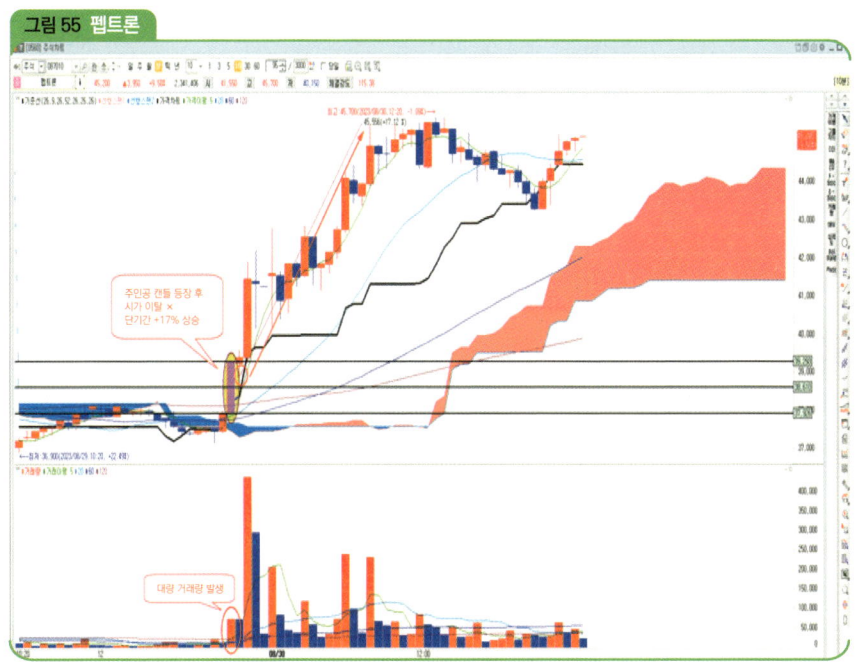

스마트레이더시스템(424960)

자율주행 관련주로 자체 개발한 4D 이미징 레이더 기술을 중심으로 모빌리티 자율주행과 드론, 비 모빌리티 산업, 헬스케어, 스마트시티 등에 적용되는 레이더를 전문적으로 개발하는 테크 기업이다.

기술적 분석

주인공 캔들(거래량 동반, 장대 양봉) 등장, 캔들 중간선 지지 이후 단기간 급등

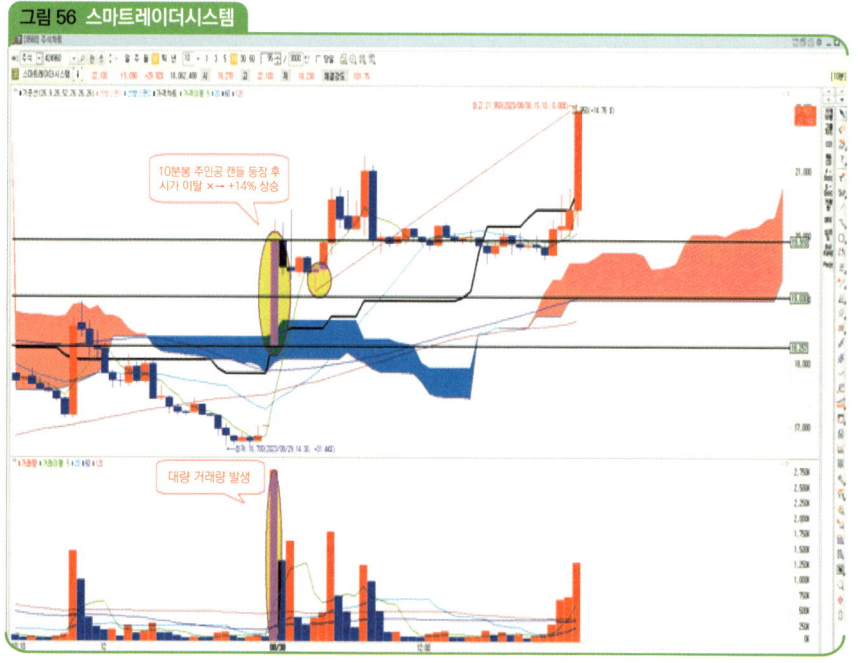

솔트룩스(304100)

AI 관련주로 챗GPT와 같은 초거대 언어모델 생성, 생성 AI, 생성적 AI 기술, 대화형 챗봇, 국내 최다 AI 특허, 인공지능·데이터 과학 전문기업이다.

기술적 분석

10분봉상 주인공 캔들(장대 양봉) 출현 이후 눌림(조정) 없이 바로 급등

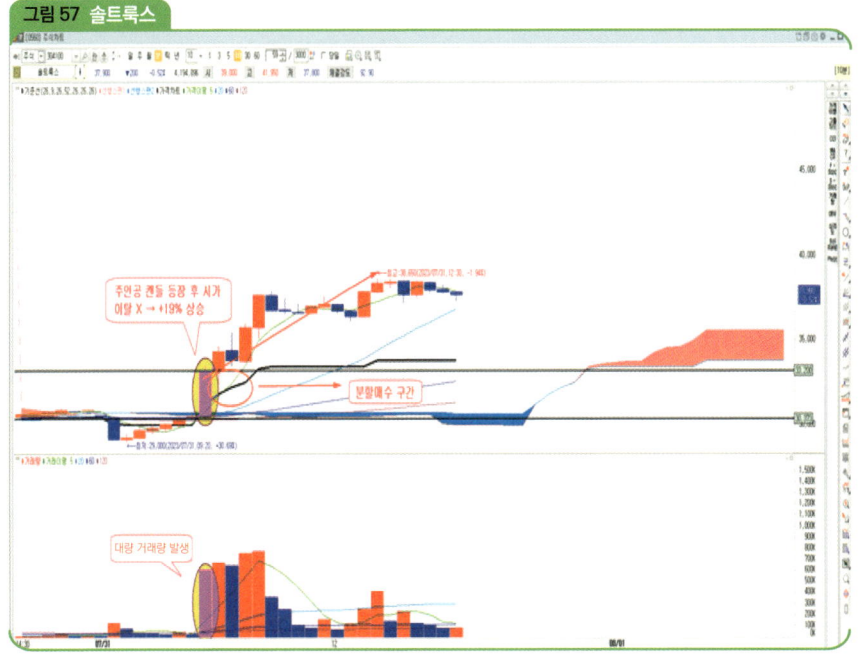

그림 57 솔트룩스

삼영(003720)

국내 유일의 커패시터 필름 제조업체로 현재 국내 고객사에 커패시터(전기차 인버터 핵심소재) 필름을 공급 중이며 향후 글로벌 완성차 OEM에 공급할 것으로 전망된다.

기술적 분석

주인공 캔들(거래량 동반, 장대 양봉) 등장, 캔들 중간선 지지 이후 단기간 급등

그림 58 삼영

신테카바이오(226330)

자체 보유한 바이오 빅데이터 처리기술과 인공지능 및 슈퍼컴퓨팅 기술을 통해 AI 신약개발업체로서의 사업을 영위 중인, 국내에서 가장 앞선 AI 신약 기업이다.

그림 59 신테카바이오

뷰노(338220)

의료용 AI 인공지능 솔루션 개발업체로 뇌동맥류 AI 영상판독 솔루션인 딥뉴로와 딥러닝 기반 머신비전 솔루션인 딥팩토리를 주력 제품으로 보유하고 있다.

기술적 분석

주인공 캔들(거래량 동반, 장대 양봉) 등장, 캔들 중간선 지지 이후 단기간 급등

포스코DX(022100)

스마트팩토리 및 IT 융합 사업과 포스코 그룹의 IT 서비스와 EIC(전기·계측·제어) 엔지니어링을 전담하는 SI 기업으로 창고 자동화 사업 및 스마트 통합 물류 시스템 구축사업을 영위하고 있다.

기술적 분석

주인공 캔들(거래량 동반, 장대 양봉) 등장, 캔들 중간선 지지 이후 단기간 급등

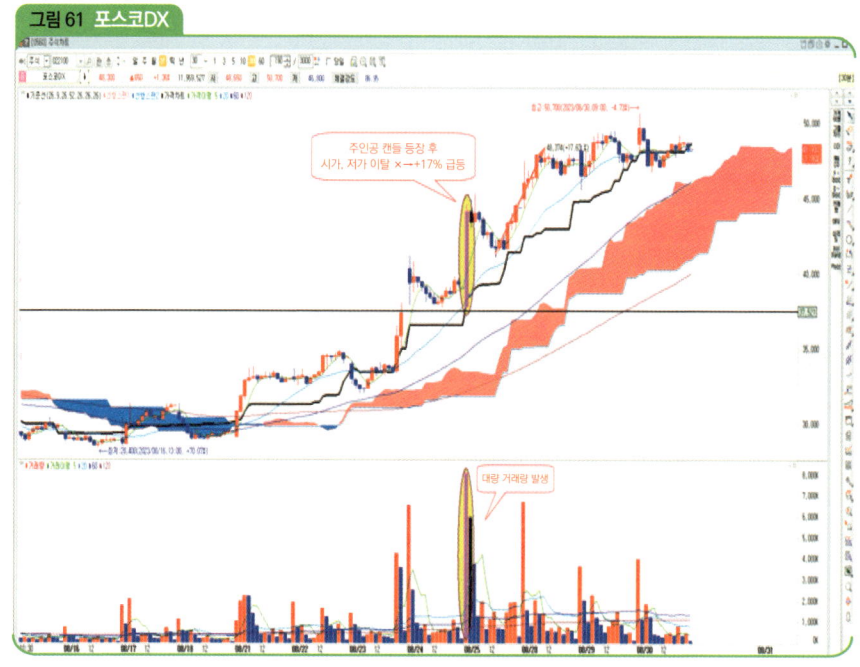

신성델타테크(065350)

사출 및 금형 전문업체로 가전기기 및 2차전지 부품 제조업을 영위 중이다.

기술적 분석

분봉상 주인공 캔들(거래량 동반, 장대 양봉) 등장, 캔들 중간선 지지 이후 단기간 급등

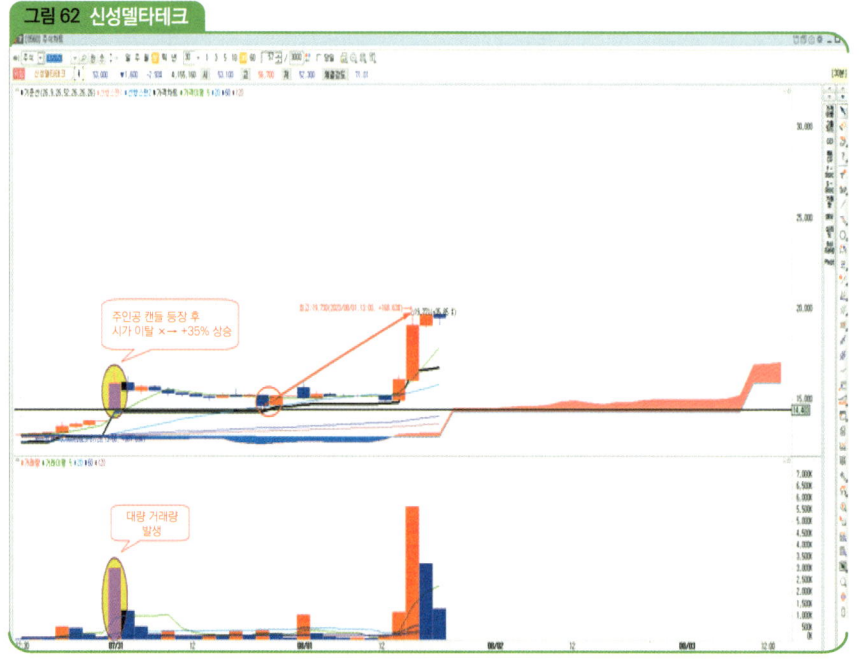

그림 62 신성델타테크

펩트론(087010)

비만치료제 및 당뇨 관련주로 펩타이드 공학 및 약효 지속화 기술을 바탕으로 약효 지속성 의약품의 설계와 제조기술을 개발하고 펩타이드의 합성 기술 개발과 신물질 발굴 등을 수행 중이다.

기술적 분석

분봉상 주인공 캔들(거래량 동반, 장대 양봉) 등장, 캔들 저가 라인 지지 이후 단기간 급등

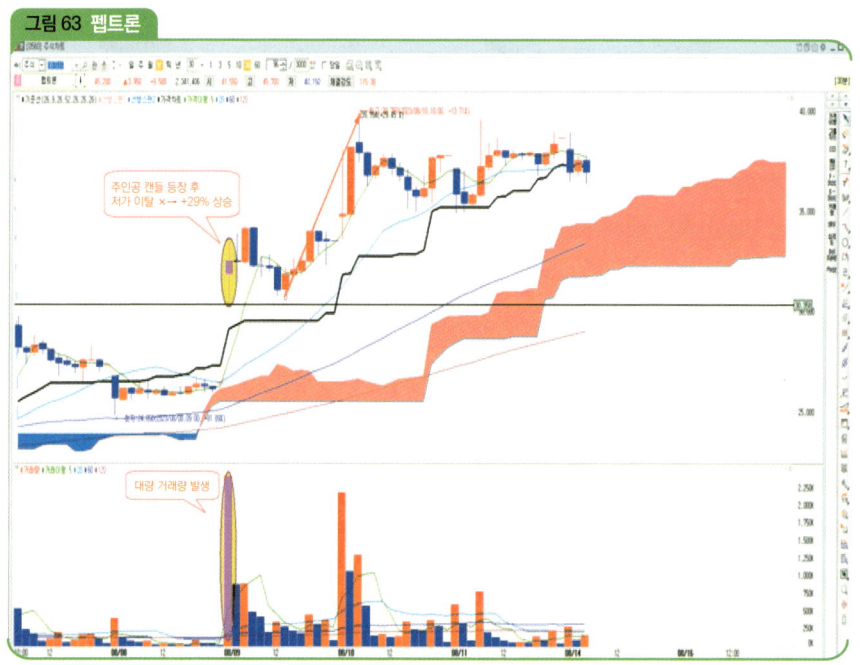

그림 63 펩트론

제4장

주식 프로들이
활용하는 매매의
기준이 되는
대장 라인
'기준선'

주식 격언 중에 '소문에 사서 뉴스에 팔아라'가 있다. 이는 기대감이 있을 때 사서 기대감이 현실화되면 팔라는 뜻으로 한국 주식시장의 특징을 한 문장으로 제대로 표현했다고 생각한다. 한국 증시는 순환매가 매우 빠른 시장이라고 할 수 있다. 미국 시장과 달리 한국 시장은 실적, 재료 등을 선반영해 먼저 테마가 움직이기 때문이다. 또한, 한국 시장은 테마와 종목의 강한 수급 쏠림 현상이 나타난다.

이러한 시장에서는 시장을 주도하는 종목들이 매우 빠르게 순환하며 바뀐다. 이것은 많은 투자자의 심리가 빠르게 변한다는 것을 대변한다. 이처럼 빠른 시장 흐름 속에서 종목의 흐름(투자자의 심리변화) 변화를 보여주는 중요한 보조지표가 있다. 이 지표만 잘 활용하면 종목의 흐름을 더 쉽게 파악할 수 있어 매우 중요하다고 할 수 있다. 자, 지금부터 종목의 흐름을 결정짓는 중요한 보조지표에 대해 알아보자.

4-1
주식 프로들의 매매 기준(1): 일목균형표의 개념

　캔들의 대장 라인(선)인 기준선은 일목균형표에서 파생되어 만들어졌다. 기준선에 대해 알아보기 전에 일목균형표에 대해 알아보자. 일목균형표란 일본의 호소다 고이치가 주가에 시간 개념을 투여해 이를 5개의 의미 있는 선으로 만든 지표다. 일목균형표는 주가의 균형을 한눈에 볼 수 있는 지표라는 점에서 의미가 있으며 일반적으로 중·소형주보다 종합주가지수나 중·대형주와 같은 큰 흐름을 파악하는 데 유용한 지표다. 하지만 국내에서 프로 트레이더들은 중·소형 주식매매에서도 일목균형표에 있는 전환선, 기준선, 선행 스팬, 후행 스팬 등을 타이밍에 맞춰 잘 활용하고 있다!

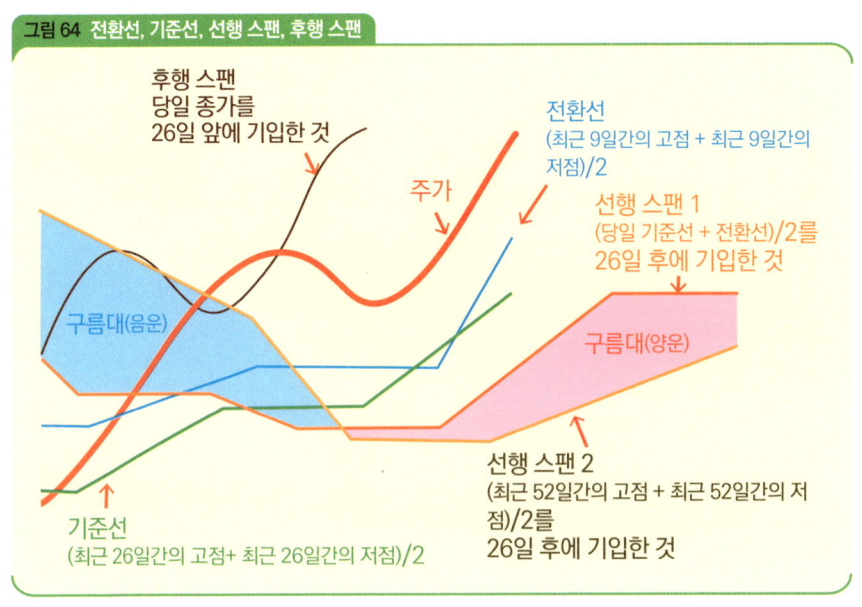

그림 64 전환선, 기준선, 선행 스팬, 후행 스팬

4-2
주식 프로들의 매매 기준(2): 일목균형표의 구성요소

　일목균형표는 기준선, 전환선, 선행 스팬 1, 선행 스팬 2, 후행 스팬으로 구성되어 있다. '기준선'은 26일간의 주가 평균선으로 최근 26일간의 고점과 저점을 더한 후 2로 나눈 값으로 계산된다. **'기준선'은 약 1개월간의 주가 평균을 선으로 나타낸 값이므로 주가 눌림 추세에서 중요한 지지선 역할을 한다.**

　'전환선'은 9일간의 주가 평균선으로 최근 9일간의 고점과 저점을 더한 후 2로 나눈 값으로 계산된다. **'전환선'은 약 1주일간의 주가 평균을 선으로 나타낸 값이므로 주가 상승 추세에서 중요한 지지선 역할을 한다.**

　'선행 스팬'은 일목균형표에서 주가의 흐름을 선행 스팬 1과 선행 스팬 2의 구성을 통해 구름처럼 만든 지표다. 선행 스팬 2는 52일간의 고점과 저점을 더한 후 2로 나눈 값을 26일 후 기입해 표현된다. 선행 스팬 2는 장기 추세를 나타내고 선행 스팬 2가 상승 중이면 주가의 장기 추세는 상승 추세를 나타내고 선행 스팬 2가 하락 중이면 주가의 장기 추세가 하락임을 의미한다. 선행 스팬 1은 당일 '기준선'과 '전환선'을 더한 후 2로 나눈 값을 26일 후 기입해 표현된다.

선행 스팬 1은 중기 추세를 나타내는 선으로 선행 스팬 1이 선행 스팬 2보다 위에 있으면 구름대는 양운(붉은 구름)을 만들고 선행 스팬 1이 선행 스팬 2보다 아래에 있으면 구름대는 음운(파란 구름)을 만든다. 이러한 '구름대'는 주가의 고점, 저점, 평균값을 가지고 구성되므로 지지와 저항 역할을 하며 일목균형표의 구름대가 두꺼울수록 강한 '지지'와 '저항' 역할을 한다. 또한, 캔들의 위치에 따라 구름대의 역할이 바뀌는데 캔들이 구름대 위에 있으면 구름대는 캔들을 지지하는 역할을 하며 캔들이 구름대 아래에 있으면 캔들을 저항하는 역할을 한다.

'후행 스팬'은 당일 종가를 오늘 날짜를 기준으로 26일 전에 표현한 것으로 캔들과 함께 위치에 따라 다른 의미를 가진다. 후행 스팬이 캔들 위에 있다는 것은 당시 매수한 투자자들이 이득을 얻고 있음을 뜻하고 후행 스팬이 캔들보다 아래에 있으면 당시 매수한 투자자들이 손해를 보고 있는 것으로 해석된다.

한미반도체(042700)

 반도체 후공정 패키징, AI 반도체 관련주로 엔비디아의 GPU에 HBM 제품이 탑재되면서 GPU에 동반되는 HBM을 붙여주는 본딩 장비를 동사가 만들고 있다.

기술적 분석

일봉상 주인공 캔들(장대 양봉) 출현 이후 일목균형표의 전환선과 기준선에서 주가는 강하게 반등, 상승했다.

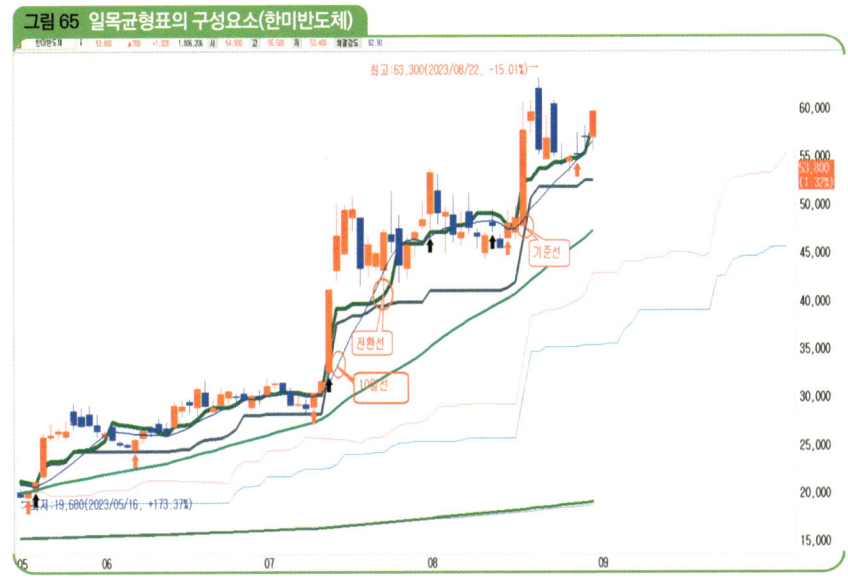

그림 65 일목균형표의 구성요소(한미반도체)

🎯 SK하이닉스(000660)

　HBM 관련주로 주력 제품은 D램, 낸드 플래시, MCP와 같은 메모리 반도체이며 일부 Fab을 활용해 시스템반도체인 CIS 사업과 Foundry 사업도 병행 중이다.

기술적 분석

일봉상 주인공 캔들(장대 양봉) 출현 이후 일목균형표의 전환선과 기준선에서 주가는 강하게 반등, 상승했다.

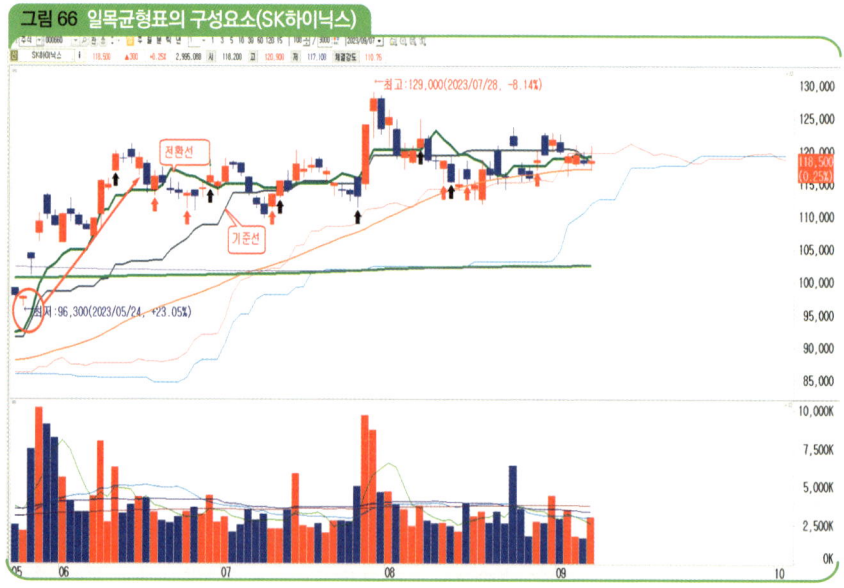

그림 66 일목균형표의 구성요소(SK하이닉스)

삼성전자(005930)

대표적인 반도체 관련주로 메모리반도체 글로벌 1위 기업이다. 세트사업은 TV를 비롯해 모니터, 냉장고, 세탁기, 에어컨, 스마트폰, 네트워크시스템, 컴퓨터 등을 생산하는 DX 부문이 있다. 부품 사업에는 D램, 낸드 플래시, 모바일 AP 등의 제품을 생산하는 DS 부문과 중·소형 OLED 등의 디스플레이 패널을 생산하는 SDC 부문이 있다.

기술적 분석

선행 스팬 1과 선행 스팬 2가 합성되면 구름대가 만들어진다. 이 구름대가 캔들의 지지대와 저항대를 만들기도 한다.

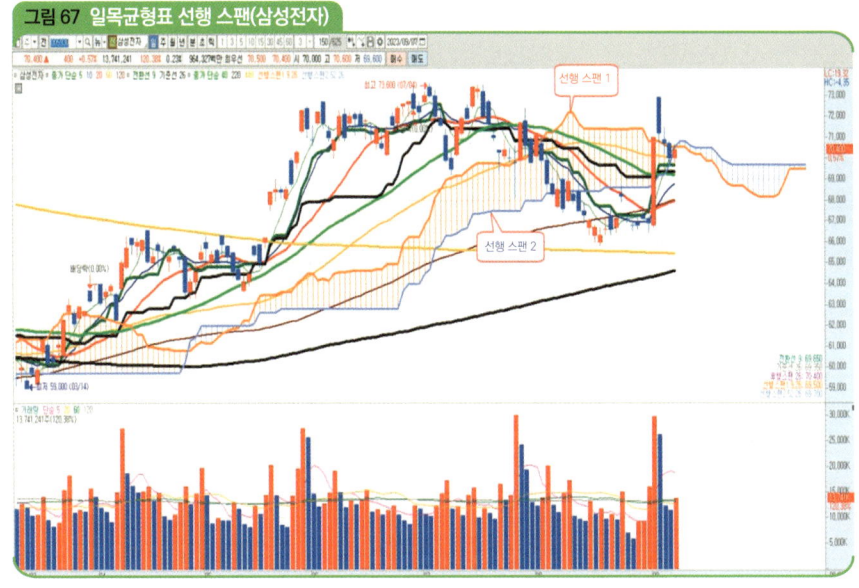

그림 67 일목균형표 선행 스팬(삼성전자)

4-3 일목균형표의 기준선

앞에서 설명한 일목균형표에서 다른 지표도 모두 중요하지만 그중 '기준선'은 매우 중요한 지표다. 기준선은 최근 26일간의 주가 평균값을 선으로 표시한 지표로 최근 26일간의 고점과 저점을 더한 후 2로 나눈 값으로 계산된다. 기준선은 계단식으로 움직이고 주가 추세의 강도를 알려준다는 특징이 있다.

주가가 일목균형표 기준선 위에 있으면 기준선은 주가의 지지 역할을 하며 주가의 추세가 강한 것으로 판단할 수 있다. 반대로 주가가 일목균형표 기준선 아래에 있으면 기준선은 주가의 저항 역할을 하며 주가의 추세는 약한 것으로 판단할 수 있다. 즉, 기준선만 잘 알면 주가의 캔들 지지 여부를 쉽게 파악할 수 있다.

4-4
주식 프로들의 기준선 매매법 (기본편)

첫째, 주가의 상승탄력이 유지된 상태에서 주가가 상승한 후 눌려야 한다. 주가의 상승탄력이 유지되어야 기준선을 지지한 후 다시 상승할 확률이 높아진다.

둘째, 주가가 일목균형표 기준선 위에 있어야 한다.

셋째, 종목에 모멘텀이 존재해야 한다.

넷째, 종목이 테마를 이루고 이슈를 가지고 있어야 한다. 모멘텀, 이슈, 테마를 가지고 있어야 주가가 상승할 때 더 큰 폭으로 상승하고 하락할 때는 소폭만 하락하기 때문이다.

★ 일목균형표 기준선 매매법(기본)

- 주가가 상승한 후 눌림 때 기준선 부근에서 분할매수한다.
- 주가가 기준선에서 이탈한 후 2~3일 안에 기준선을 다시 회복하지 못하면 비중을 축소한다. 기준선에서 이탈한 후 2~3일 안에 기준선 위로 다시 회복하지 못하면 기준선은 강한 저항대로 바뀌고 주가의 힘이 급격히 약해져 하락할 확률이 높아지므로 비중을 축소해 리스크를 관리해야 한다.

- 기준선을 지지한 후 반등할 때는 비중의 일부를 수익 실현해야 한다. 주가가 기준선에서 지지한 후 반등한 지 얼마 못 가 하락하는 경우가 있으므로 리스크 관리를 위해 기준선을 지지한 후 반등할 때는 비중의 일부를 수익 실현해야 한다.

POSCO 홀딩스(005490)

2차전지 관련주이자 국내 1위 철강기업으로 제선·제강·압연재의 생산·판매를 주요 사업으로 영위하고 있다. 아르헨티나 옴브레 무에르토 염호(소금호수)를 인수해 리튬 생산 활로를 개척했다.

기술적 분석

일목균형표의 기준선을 지지한 후 단기간 급반등

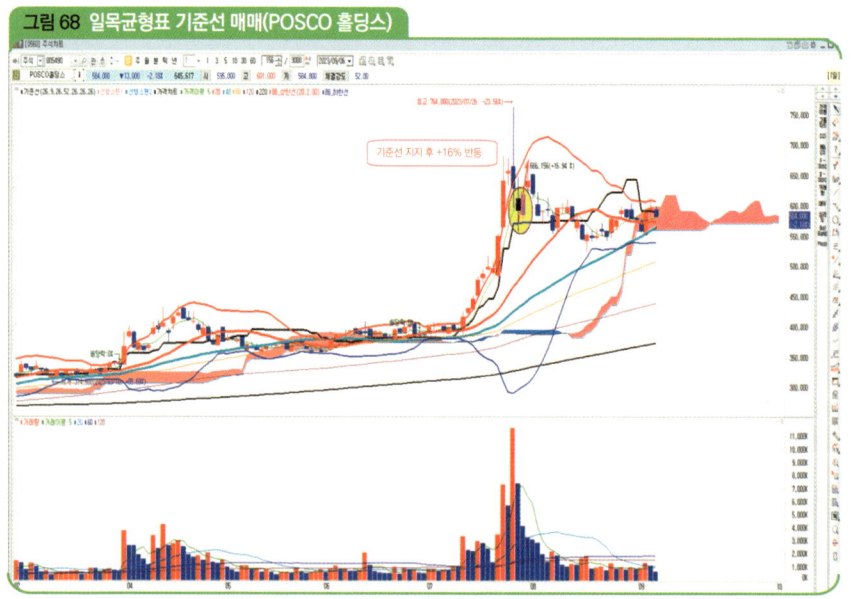

그림 68 일목균형표 기준선 매매(POSCO 홀딩스)

포스코인터내셔널(047050)

수출입업, 중개업, 자원개발 등의 사업을 영위하며 에너지, 2차전지 소재, 농업·바이오 3대 핵심사업을 추진 중이다.

기술적 분석

장중 기준선을 잠시 이탈했지만 다음날 바로 기준선을 돌파하며 급반등

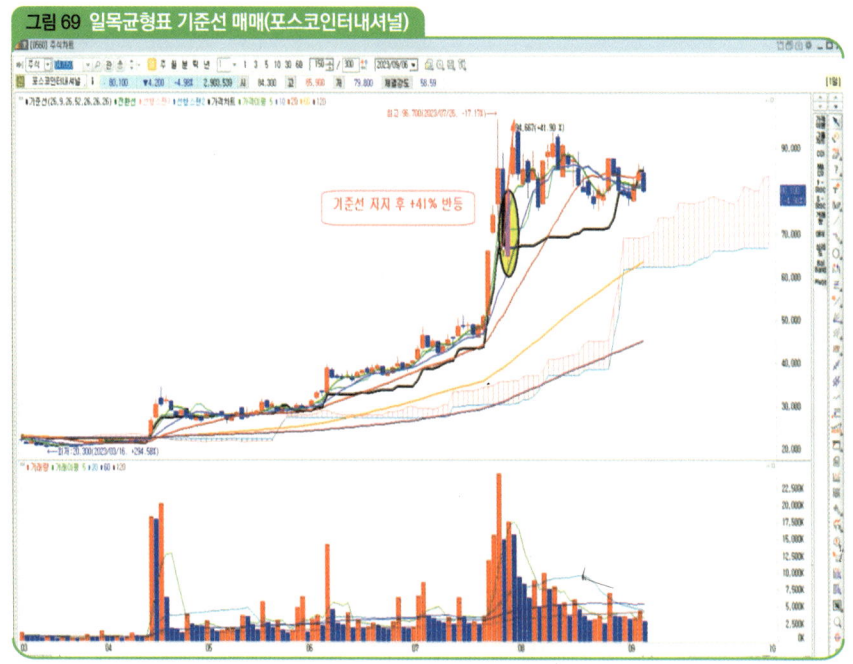

그림 69 일목균형표 기준선 매매(포스코인터내셔널)

에코프로비엠(247540)

 2차전지 양극재 관련주로 세계 고용량 양극 소재 시장을 선도하는 기업이다. 하이니켈계 양극 소재 제품을 최초로 개발해 양산화에 성공했다.

기술적 분석

일목균형표의 기준선 지지 후 단기간 급반등

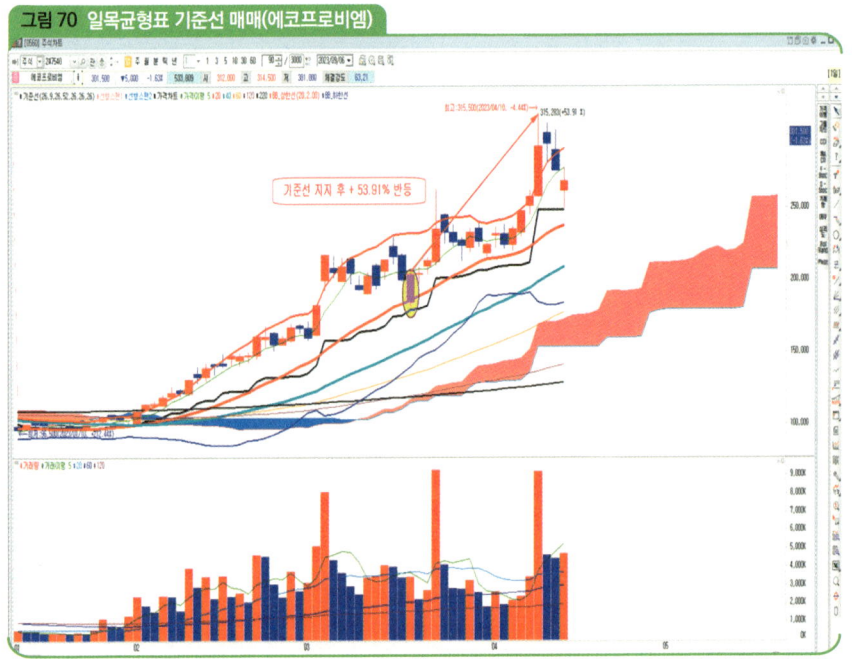

티로보틱스(117730)

로봇 관련주로 글로벌 진공 로봇 전문기업에서 자율주행과 의료재활 분야에 대비한 종합 로봇기업으로 변모 중이다. 주요 사업으로는 글로벌 FPD · Semi 제조사 및 장비사를 고객으로 확보한 진공 로봇 부문과 4차산업혁명에 대비한 스마트팩토리 및 자율주행 로봇 부문으로 나뉜다.

기술적 분석

일목균형표의 기준선(검정선) 지지 후 단기간 급반등

그림 71 일목균형표 기준선 매매(티로보틱스)

주성엔지니어링(036930)

반도체 및 디스플레이, 태양전지, 신재생에너지, LED, OLED 장비 제조 · 판매업체로 주 고객사는 LG디스플레이와 SK하이닉스다.

기술적 분석

일목균형표의 기준선(검정선) 지지 후 단기간 +20% 급반등

그림 72 일목균형표 기준선 매매(주성엔지니어링)

로보티즈(108490)

서비스 로봇 솔루션과 로봇 부품의 연구·개발 및 생산·판매업체다.

기술적 분석

일목균형표의 기준선(검정선) 지지 후 단기간 급반등

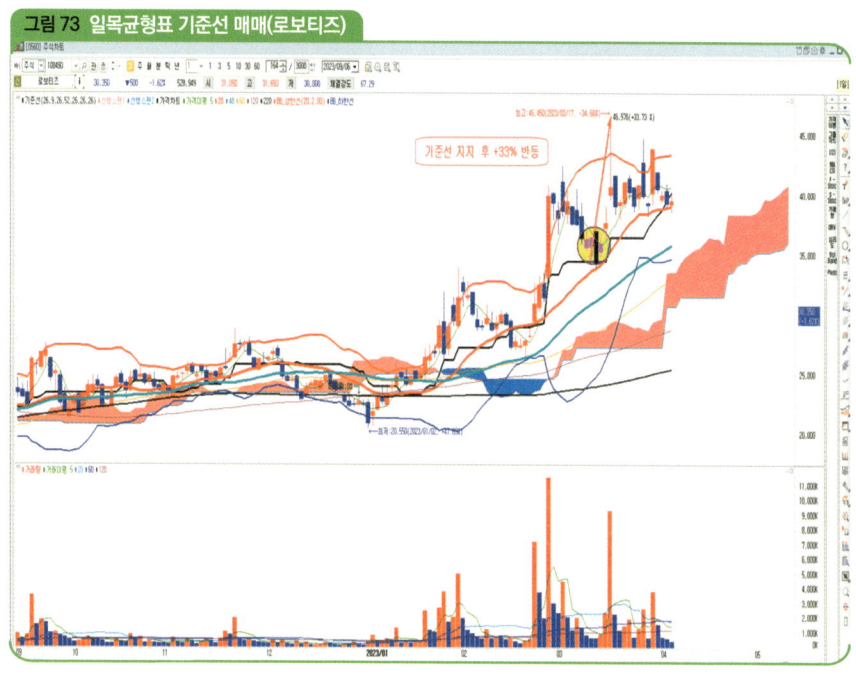

그림 73 일목균형표 기준선 매매(로보티즈)

폴라리스오피스(041020)

AI 오피스 플랫폼 '폴라리스 오피스 AI'를 출시한 오피스 소프트웨어(SW) 전문기업으로 모바일 백신 솔루션(V-Guard), Atlassian 솔루션, 모바일 게임 사업 부문을 영위 중이다.

기술적 분석

일목균형표의 기준선(검정선) 지지 후 단기간 급반등

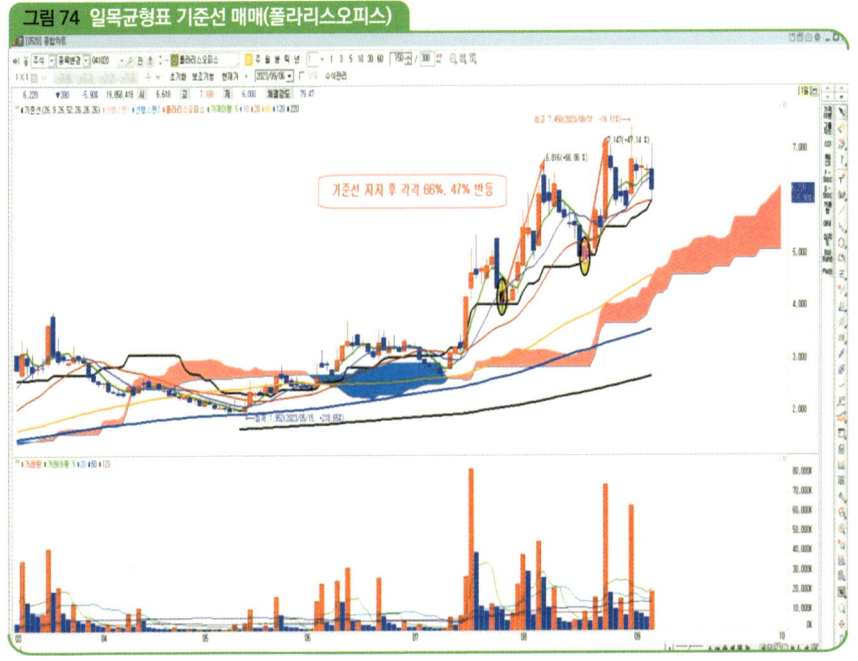

4-5
주식 프로들의 기준선 실전 매매법(응용편)

　일목균형표 기준선과 함께 앞에서 설명한 주인공 매매기법(장대 양봉 활용)과 함께 활용하면 높은 적중률의 트레이딩이 가능하다.

★ 매매법(응용)

1. 주인공 캔들이 등장하면 종가에 1차 매수한다.
2. 1차 매수 후 종목이 눌림을 만들 때 기준선까지 분할매수한다.
3. 기준선에서 이탈하면 비중을 축소한다.

　앞에서 설명한 주인공 매매기법에서 주인공 캔들이 등장했을 때 종가에 1차 매수하는 것과 같이 기준선 매매에서도 주인공 캔들이 등장했을 때 1차 매수한다. 이후 종목이 눌림 즉, 하락을 보이면 기준선까지 2~3차 분할매수를 통해 평균단가를 낮추고 주가가 강한 지지라인인 기준선에서 이탈하면 주가의 힘이 급격히 빠지기 때문에 기준선에서 이탈할 때는 리스크 관리를 위해 비중을 축소하거나 손절로 대응하면 된다.

※ 주의사항

1. 종목에 모멘텀과 이슈가 있어야 한다.
2. 주인공 캔들의 등장 여부를 반드시 확인해야 한다.
3. 반드시 분할매수해야 한다.
4. 기준선 위에서 캔들이 지지한 후 상승 때 수익이 나면 분할매도한다.

우선 종목에 모멘텀과 이슈가 반드시 있어야 많은 투자자의 기대감으로 종목이 강한 상승탄력을 유지한 상태로 추가적인 상승이 나올 수 있다. 둘째, 강한 상승이 나오는 종목은 강한 매수세의 등장이 필요하다. 주인공 캔들은 강력한 매수 주체의 등장을 뜻한다. 따라서 주인공 캔들의 등장 여부 확인이 매우 중요하다. 셋째, 이 매매기법은 종목의 눌림 후 다음 파동을 노리는 매매기법이므로 한 번에 비중을 늘리지 말고 2~3번 이상 분할매수해야 한다. 마지막으로 기준선 위에서 캔들 지지 후 상승할 때는 리스크 관리와 일정한 매매를 위해 반드시 분할매도해야 한다.

제우스(079370)

반도체 제조 장비 중 반도체 세정 장비를 주력으로 제조하는 업체다. 주요 장비로는 습식 세정 장비를 제조하며 LCD 생산공정에 필요한 장비(HP/CP 시스템: 뜨거운 공기 오븐 시스템) 국산화에 성공해 LCD 장비 시장점유율 1위를 차지하고 있다. 최근 산업용 로봇 부문까지 사업을 확대해나가는 중이다.

기술적 분석

주인공 캔들(거래량 동반, 장대 양봉) 등장 이후 일목 기준선 지지 후 급반등

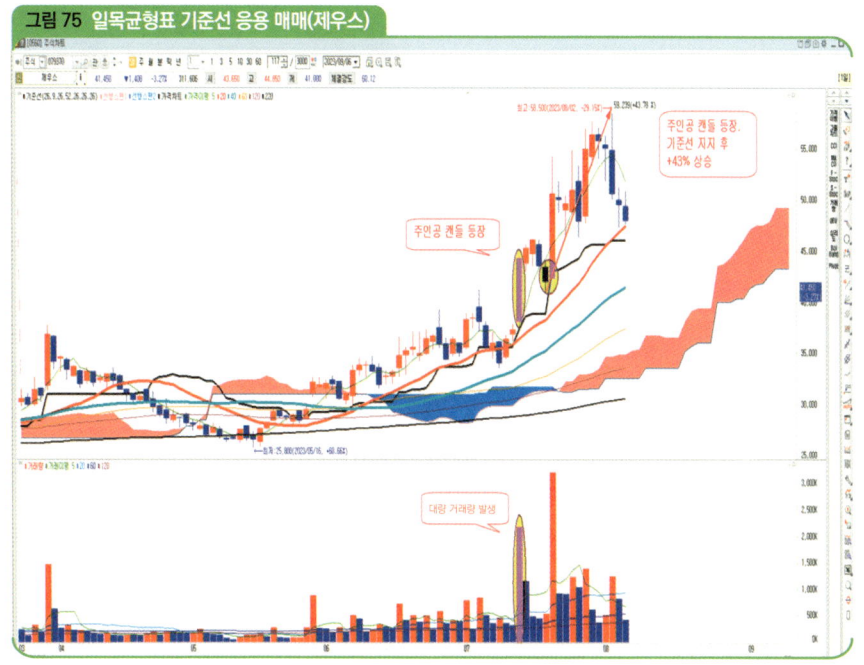

그림 75 일목균형표 기준선 응용 매매(제우스)

지니어스(389030)

의료 AI 관련주로 유전체 분석기술을 바탕으로 NGS 기술 트렌드를 선도하고 정밀의료 시장을 선도하는 생물정보분석 전문기업이다.

기술적 분석

주인공 캔들(거래량 동반, 장대 양봉) 등장 이후 일목 기준선 지지 후 급반등

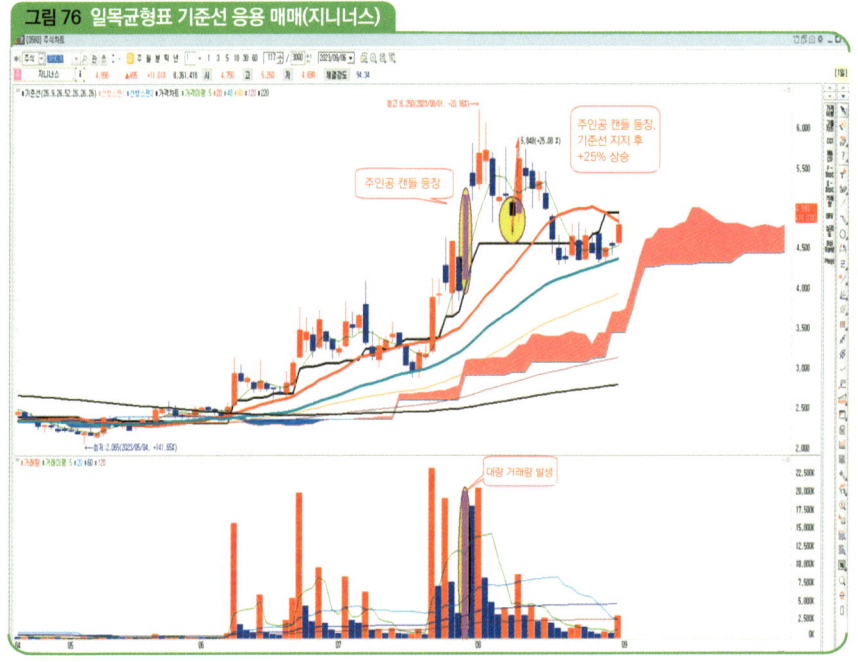

그림 76 일목균형표 기준선 응용 매매(지니어스)

레인보우로보틱스(277810)

이족보행 로봇 플랫폼 기업이다. 국내 최초로 인간형 이족보행 로봇(HUBO)을 개발했으며 협동 로봇뿐만 아니라 모바일 매니퓰레이터, 의료용 로봇, 2족 보행 로봇, 4족 보행 로봇 등 다양한 로봇 플랫폼을 보유 중이다.

기술적 분석

주인공 캔들(거래량 동반, 장대 양봉) 등장 이후 일목 기준선 부근에서 지지 후 급반등

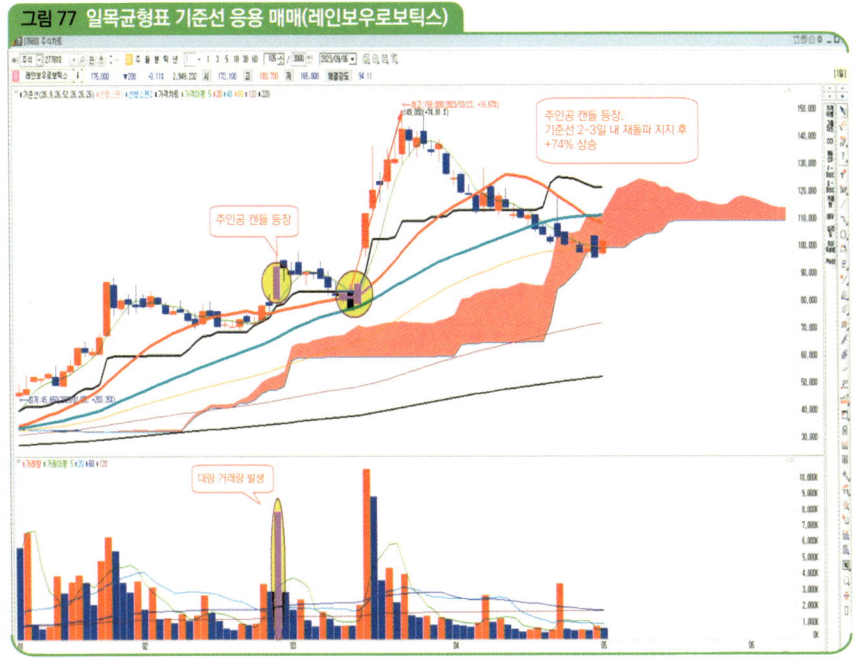

그림 77 일목균형표 기준선 응용 매매(레인보우로보틱스)

한미반도체(042700)

반도체 HBM과 AI 반도체 관련주로 엔비디아의 GPU에 HBM 제품이 탑재되면서 GPU에 동반되는 HBM을 붙여주는 본딩 장비를 동사가 만들고 있다.

기술적 분석

주인공 캔들(거래량 동반, 장대 양봉) 등장 이후 일목 기준선 부근에서 지지 후 급반등

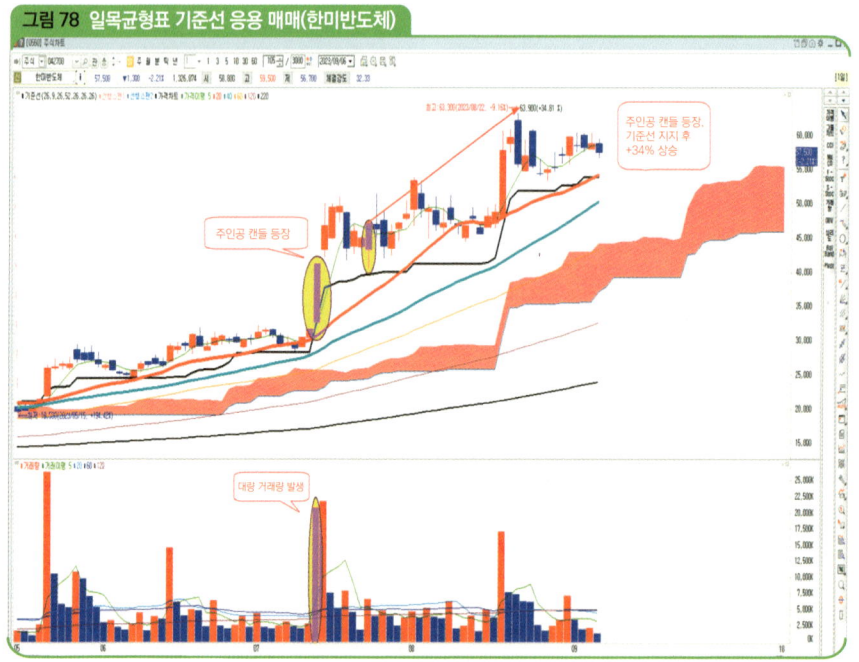

뉴로메카(348340)

로봇 관련주로 협동 로봇 및 F&B 솔루션 서비스 제작 전문업체다. 제어 소프트웨어를 포함한 각종 원천기술을 보유 중이다.

기술적 분석

장대 양봉 출현 이후 기준선에서 잠시 이탈했지만 3거래일 안에 기준선 위로 다시 올라서면서 단기간에 급등했다.

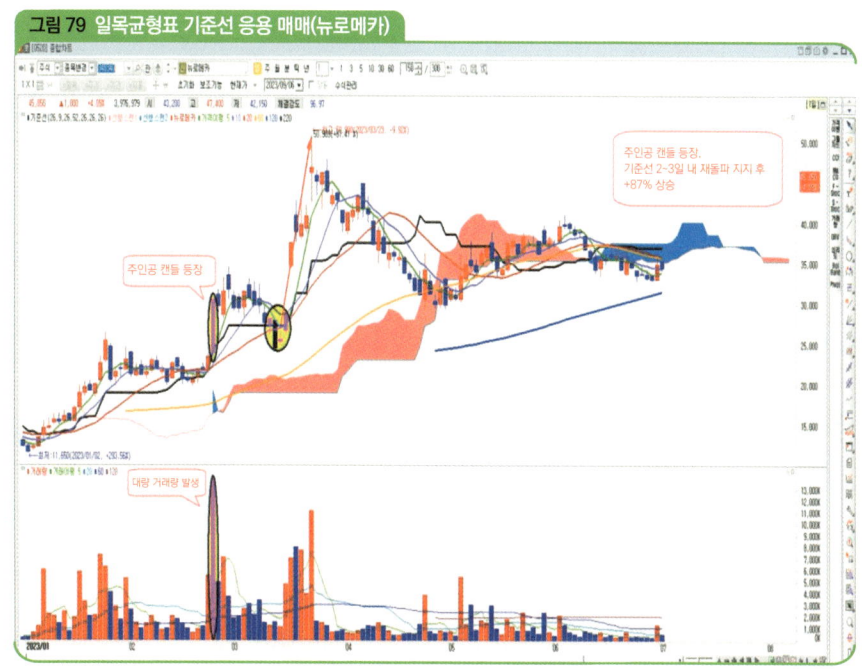

그림 79 일목균형표 기준선 응용 매매(뉴로메카)

이오테크닉스(039030)

반도체 HBM 관련주이자 반도체 후공정 레이저 장비업체다. 레이저 기술을 이용해 이 범위가 LCD 및 OLED와 같은 디스플레이 산업, 반도체 기판을 새기는 PCB 사업(인쇄회로기판) 등에서 사용하고 있다.

기술적 분석

주인공 캔들(거래량 동반, 장대 양봉) 등장 이후 일목 기준선 부근에서 지지 후 급반등

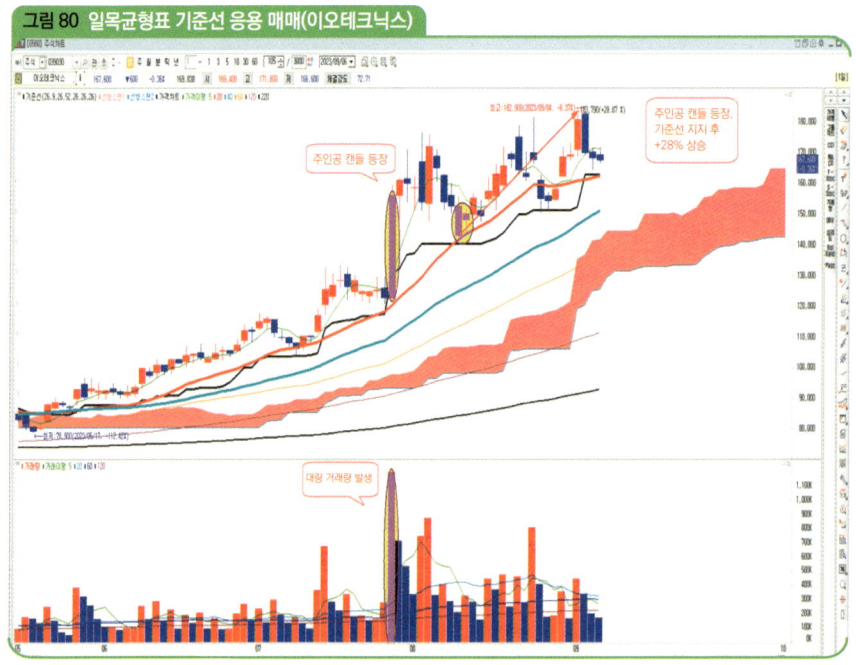

그림 80 일목균형표 기준선 응용 매매(이오테크닉스)

펩트론(087010)

비만치료제 및 당뇨 관련주로 펩타이드 공학 및 약효 지속화 기술을 바탕으로 약효 지속성 의약품 설계와 제조기술 개발, 펩타이드의 합성기술 개발과 신물질 발굴 등을 수행 중이다.

기술적 분석

주인공 캔들(거래량 동반, 장대 양봉) 등장 이후 일목 기준선 부근에서 지지 후 급반등

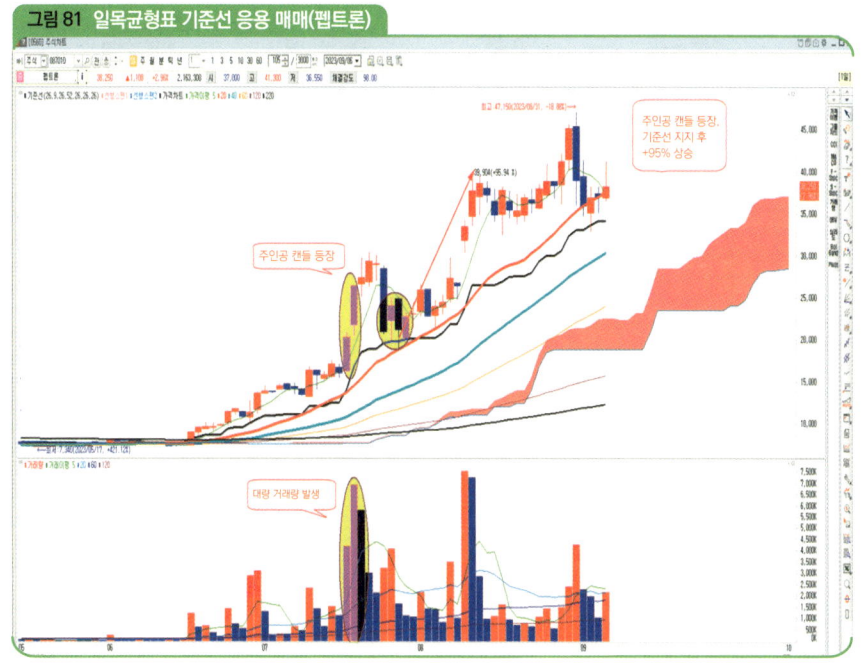

그림 81 일목균형표 기준선 응용 매매(펩트론)

제5장

주식 프로들이 활용하는 주가 레벨 UP선 '전환선'

5-1
강한 종목 매매의 중요성

　항상 날마다 시장에서 상승하는 종목은 많다. 그런데 상승하는 종목 중에서도 강한 종목들이 존재한다. 이러한 강한 종목들은 모습부터 다르다. 강한 종목의 대표적인 특징은 상승할 때 상승 폭이 크거나 상승 속도가 빠르고 눌림을 적게 준다는 것이다. 즉, 큰 변동성을 보여준다.

　대부분의 투자자는 공포심에 강한 종목의 매매를 꺼리지만 꾸준히 수익을 내는 주식 프로들은 주가의 힘이 강한 종목을 매매한다. 이것은 강한 종목을 매매하는 것이 오히려 손실 확률이 훨씬 낮기 때문이다. 또한, 우리나라와 같이 순환매가 빠르고 테마와 종목 장세가 두드러지는 시장에서는 더더욱 강한 종목을 매매해야 살아남을 수 있다. 5장에서는 강한 종목을 매매하는 방법을 배울 것이다. 강한 종목을 매매하는 방법을 배워 주식 프로와의 격차를 조금이나마 빠르게 줄여보자.

★ 주가의 힘 판별법

주가의 힘을 판별하는 방법은 존재한다. 첫 번째로 정말 강한 종목은 상승 각도가 가파르다. 강한 종목은 상승할 때 높은 등락률로 빠르게 올라가는 만큼 가파른 주가 상승 각도가 만들어진다. 두 번째로 강한 종목은 상승할 때 상승 폭이 크다. 주가의 등락률이란 다른 의미로 주가가 한 번 상승할 때 나타날 수 있는 힘이다.

등락률 즉, 상승 폭이 큰 종목은 그만큼 상승 힘이 강하다는 뜻이므로 다음에 상승할 때도 상승 폭이 크다. 그런데 이렇게 정말 강한 종목도 잠시 쉬어가는 구간이 있다. 쉬어가는 구간은 보통 일목균형표 전환선이다. 전환선만 제대로 알고 있으면 세력의 쉼터 즉, 정말 강한 종목이 눌림을 만드는 타이밍을 제대로 잡을 수 있다.

★ 주식 프로들이 활용하는 전환선을 알기 위해 일목균형표에 대해 정확히 알자!

일목균형표의 전환선을 알아보기 전에 우선 일목균형표가 무엇인지 다시 한번 알아보자. 일목균형표는 사전적으로 주가의 균형을 한눈에 볼 수 있는 지표라는 뜻으로 일본 호소다 고이치가 주가에 시간 개념을 투여해 이를 의미 있는 5개 선으로 만든 지표다. 일목균형표는 과거에는 중·소형주보다 종합주가지수나 중·대형주와 같이 큰 흐름을 파악하는 데 유용한 지표였지만 지금은 종목의 주가를 분석할 때 여러 분야의 대형주, 중·소형주, 테마주 분석에서도 활용되고 있다.

그림 82 일목균형표의 구성요소

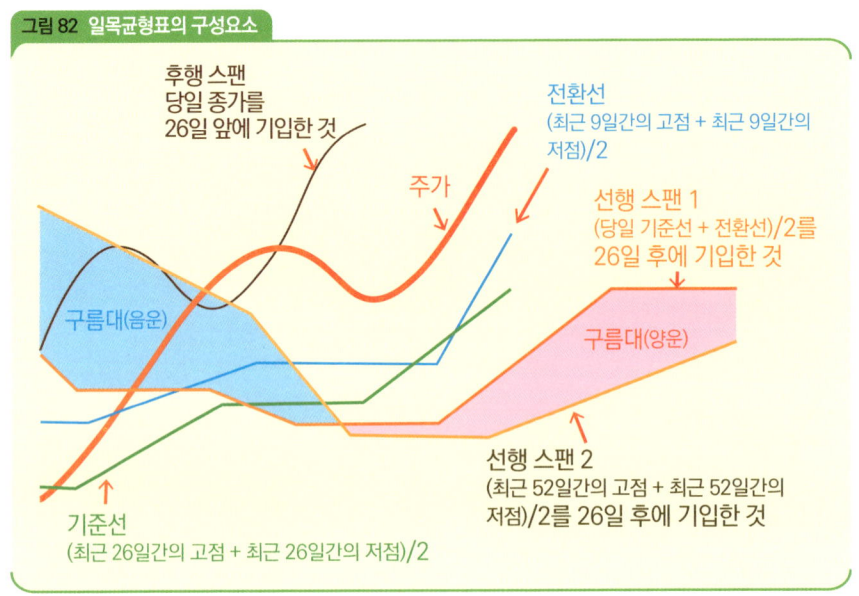

★ 일목균형표의 구성요소

　일목균형표는 기준선, 전환선, 선행 스팬 1, 선행 스팬 2, 후행 스팬으로 구성되어 있다. 기준선은 26일간의 주가 평균선으로 최근 26일간의 고점과 저점을 더한 후 2로 나눈 값이다. 전환선은 9일간의 주가 평균선으로 최근 9일간의 고점과 저점을 더한 후 2로 나눈 값이다. 전환선은 약 1주일간의 주가 평균을 선으로 나타낸 값이므로 주가 상승 추세에서 중요한 지지선 역할을 한다. 선행 스팬은 일목균형표에서 주가의 흐름을 선행 스팬 1과 선행 스팬 2의 구성을 통해 구름처럼 만든 지표다. 이 구간에서 강한 상승이 이루어지는 종목의 눌림 구간인 전환선에 대해 알아보자.

그림 83 일목균형표의 구성요소 예

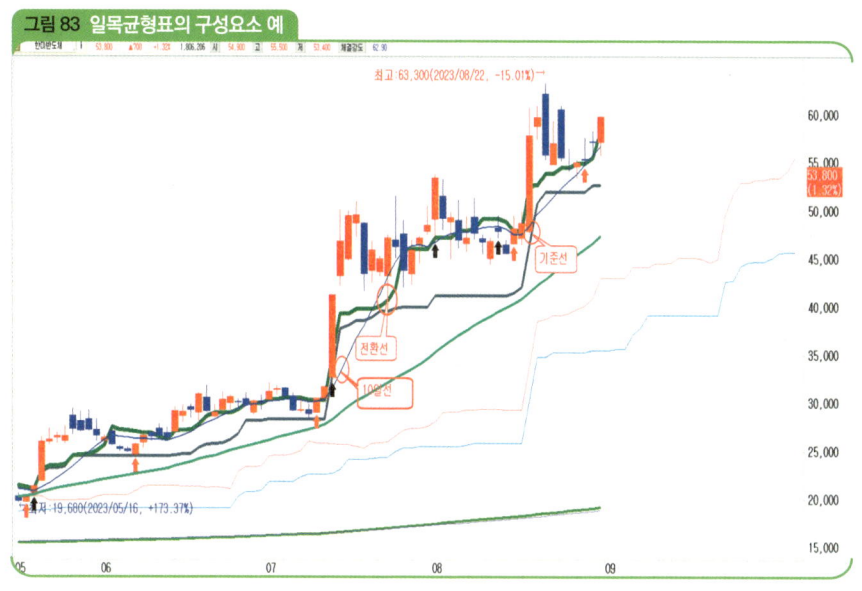

제5장 주식 프로들이 활용하는 주가 레벨 UP선 '전환선'

5-2
주가 레벨 UP선: 일목균형표 전환선의 정의

　일목균형표의 전환선은 최근 9일간의 최고가와 최저가를 합한 후 2로 나눈 선으로 일목균형표의 기준선과 같이 계단식으로 구성된 지표다. 전환선은 9일간의 주가 평균선이므로 단기 추세의 전환을 먼저 알려주고 지표가 계단식으로 움직이므로 지지와 저항을 시각적으로 명확히 보여준다는 특징이 있다. 또한, 전환선은 9일간의 최고가와 최저가를 더한 후 2로 나눈 값이므로 더 명확한 주가 추세 파악을 보여주며 주가와 이격을 통해 단기 과열 여부를 판단할 수 있다.

5-3 전환선의 정배열과 역배열 활용법

　기본적으로 전환선은 정배열일 때와 역배열일 때 나타내는 의미가 다르다. 우선 전환선의 정배열은 전환선이 기준선 위에 있는 것으로 이때 기준선과 전환선이 상승 추세여야 주가의 상승탄력이 좋은 것이다. 전환선이 기준선 아래에 있다가 기준선을 골든크로스하고 정배열로 돌아서면 주가는 상승 추세로 전환된다. 전환선의 역배열이란 전환선이 기준선 아래에 있는 것을 뜻한다. 전환선이 역배열인 상태에서는 주가의 상승탄력이 약해진다. 그리고 전환선이 상승하다가 기준선을 데드크로스하면 주가는 하락 추세로 바뀌게 된다.

🎯 롯데관광개발(032350)

여행 및 중국 소비재 관련 여행전문업체로 관광개발, 국내외 여행알선업, 항공권 판매대행업, 전세 운수업을 주요 사업으로 영위하며 국내 단일 호텔 중 최대 규모인 '그랜드 하얏트 제주', '드림타워 카지노', '한컬렉션' K 패션몰을 갖추고 있다.

기술적 분석

전환선이 기준선을 골든크로스한 후 전환선과 기준선이 정배열되면서 주가가 상승 추세로 전환

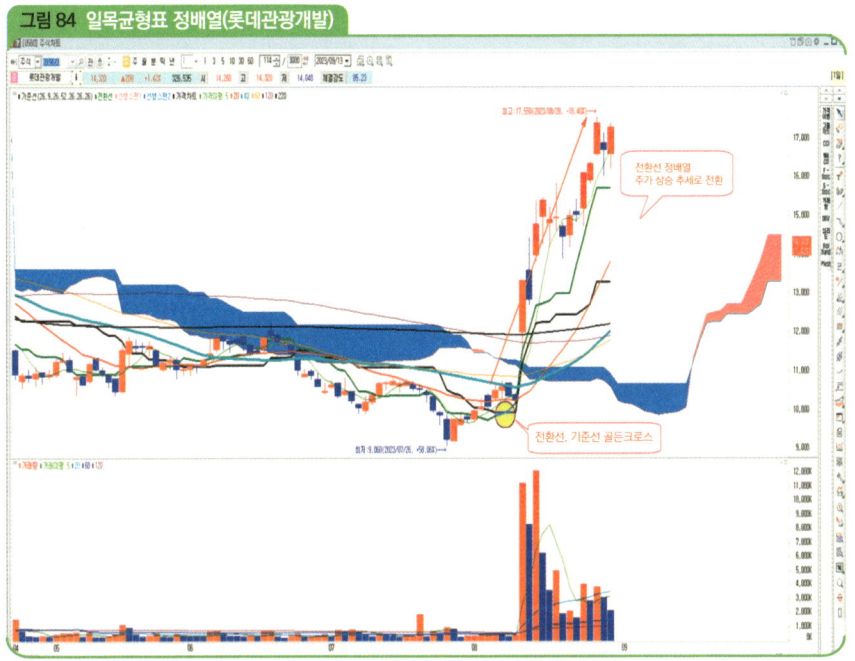

그림 84 일목균형표 정배열(롯데관광개발)

뷰노(338220)

의료 AI 관련주이자 의료 인공지능 솔루션 개발업체로 국내 1호 인공지능 의료기기 'VUNO Med-Bone Age'를 출시했다. 주요 제품은 의료영상 솔루션이다. 국내 식약처 인허가를 받은 11개 제품 중 8개가 의료영상 솔루션 제품으로 X-Ray, CT, MRI, Funduscopy 등 의료영상 기반 진단 보조 소프트웨어가 있다.

기술적 분석

전환선이 기준선을 골든크로스한 후 전환선과 기준선이 정배열되면서 주가가 상승 추세로 전환

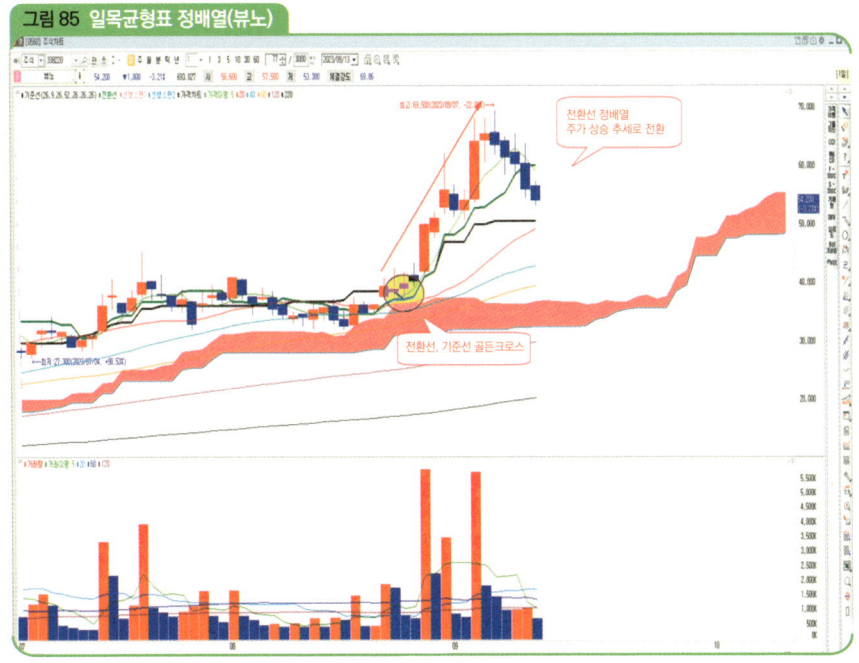

그림 85 일목균형표 정배열(뷰노)

금양(001570)

2차전지 및 발포제 관련 업체다. 발포제 세계 시장점유율 약 30%의 발포제 1위 기업으로 2022년 6월 삼성SDI, LG에너지솔루션에 이어 개발한 2170 원통형 배터리로 2차전지 기업으로도 분류된다.

기술적 분석

전환선이 기준선을 데드크로스한 후 전환선과 기준선이 역배열되면서 주가가 하락 추세로 전환

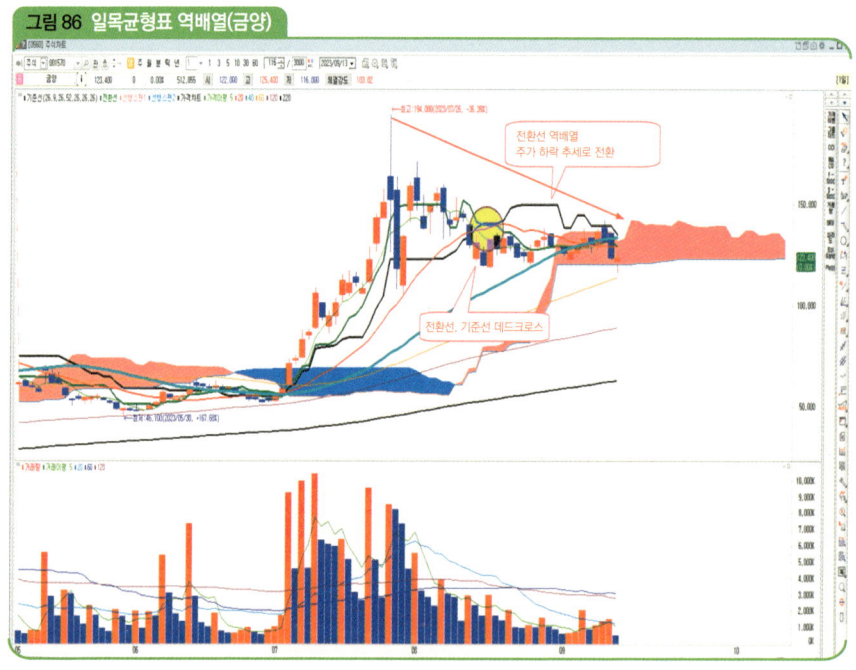

💰 ISC(095340)

반도체 관련 테스트 소켓 전문업체로 패키지 테스트 소켓사업을 영위 중이다. 주요 제품으로는 실리콘 러버 소켓이 있다.

기술적 분석

전환선이 기준선을 데드크로스한 후 전환선과 기준선이 역배열되면서 주가가 하락 추세로 전환

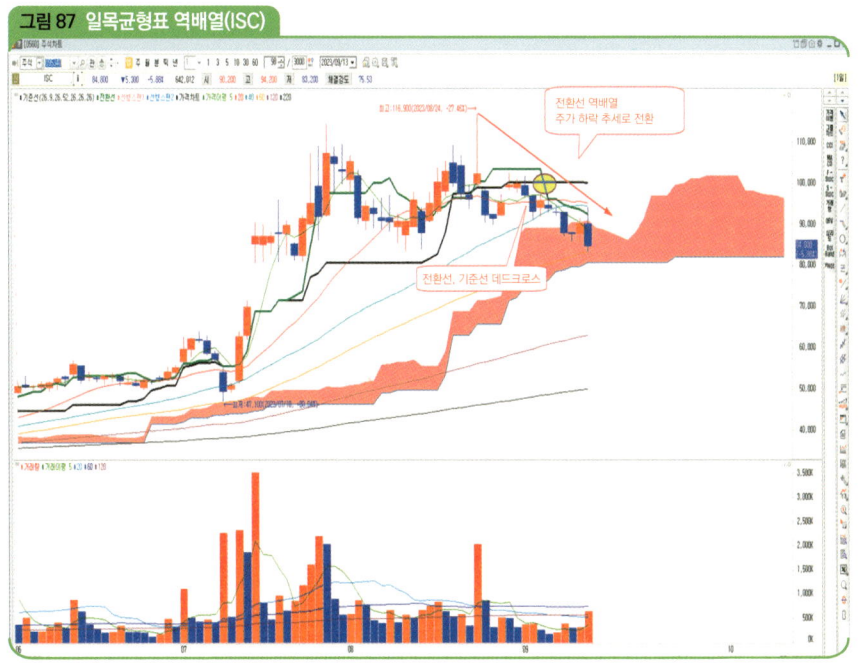

그림 87 일목균형표 역배열(ISC)

5-4
기준선 VS 전환선

　앞에서 설명한 일목균형표의 기준선은 주가 추세를 판단하는 데 매우 중요한 지표다. 기준선은 26일간의 주가 평균을 계단식으로 나타낸 지표이고 전환선은 단기적으로 상승탄력이 큰 종목의 추세를 파악하는 데 매우 중요한 지표다. 전환선은 9일간의 주가 평균을 계단식으로 표현한다. 따라서 기준선은 전환선에 비해 주가의 중기적 추세를 파악하는 데 유용한 지표이고 전환선은 기준선에 비해 주가의 단기적 추세를 파악하는 데 유용하다. 그런데 정말 강한 종목은 앞에서 설명한 바와 같이 기준선까지 내려오지 않는다. 그러므로 정말 강한 종목 즉, 급등 종목을 매매할 때는 기준선보다 전환선을 활용하는 것이 바람직하다.

주성엔지니어링(036930)

반도체, 디스플레이, 태양전지, 신재생에너지, LED, OLED 제조 장비를 제조·판매하는 반도체 관련 업체로 LG디스플레이와 SK하이닉스가 주 고객사다. 반도체 주요 장비로는 ALD(반도체 전 공정 장비, 세계 시장점유율 약 11%)가 있으며 디스플레이 및 태양전지의 주요 장비로 PECVD/ALD 장비가 있다. 또한, 반도체 막 증착장비 중 선택적 반구형 실리콘 증착 및 원자층 증착 분야 등 특정 공정에서 세계 시장점유율 1위를 기록하고 있다.

기술적 분석

강하게 상승하는 종목은 눌림 때 주가가 기준선까지 내려오지 않고 전환선 부근에서 반등한다.

그림 88 기준선 VS 전환선(주성엔지니어링)

포스코DX(022100)

포스코 그룹주다. 포스코 그룹의 IT 서비스와 EIC(전기·계측·제어) 엔지니어링 전담 SI 기업으로 공장 자동화 솔루션, IT 컨설팅, ITO(IT Outsourcing)·SI(System Integration) 서비스를 제공하고 있다.

기술적 분석

강하게 상승하는 종목은 눌림 때 주가가 기준선까지 내려오지 않고 전환선 부근에서 반등한다.

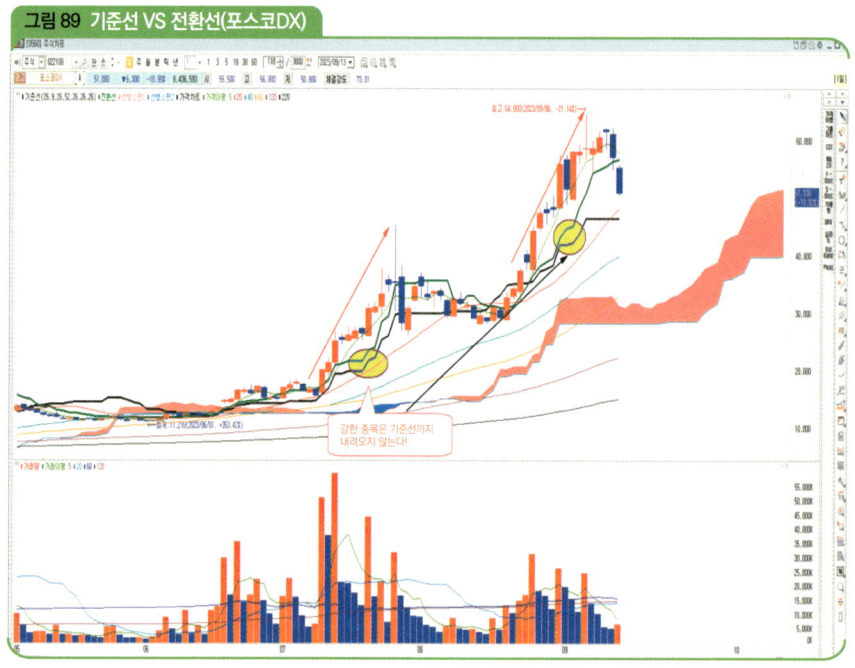

그림 89 기준선 VS 전환선(포스코DX)

5-5
이동평균선 VS 전환선

　이동평균선은 일정 기간의 종가를 산술평균한 선이다. 이동평균선은 종가의 평균을 낸 선이므로 당일 종가의 흐름에 따라 계속 바뀐다. 따라서 이동평균선은 주가의 흐름을 보기에는 좋지만 주가의 힘의 크기를 보기에는 좋지 않다. 반면, 전환선은 9일간의 최고점과 최저점을 더한 후 반으로 나눈 값이다.

　즉, 9일간의 주가의 정확한 중간값을 선으로 나타낸 값이고 최고가와 최저가가 갱신되지 않으면 전환선은 바뀌지 않는다. 여기서 최고가와 최저가가 바뀐다는 것은 그만큼 주가의 힘이 작용한다는 뜻이므로 전환선은 주가의 힘의 크기를 시각적으로 판별하기 쉽다. 그리고 전환선은 주가의 단기적 힘의 크기를 판별해주는 선으로 선수들의 주가 단기 흐름선인 10일선과 비교하면 좀 더 쉽게 이해할 수 있다.

인벤티지랩(389470)

비만 치료제 관련 바이오 업체로 마이크로플루이딕 기술을 의약품 연구개발에 적용해 장기 지속형 주사제를 개발했으며 비만치료제로 IVL3005(2개월 지속형)와 IVL3021(1개월 지속형)을 개발 중이다.

기술적 분석

이동평균선은 종가에 따라 지표가 바뀌어 주가의 흐름을 파악하기에는 좋지만 주가의 힘의 크기를 판별하기는 어렵다. 반면, 전환선 지표의 움직임은 9일간의 주가의 중간값을 기준으로 하므로 계단식으로 움직이고 움직임의 변화가 크지 않아 주가의 흐름을 파악하기에는 어렵지만 주가의 힘의 크기를 판별하기에는 좋다.

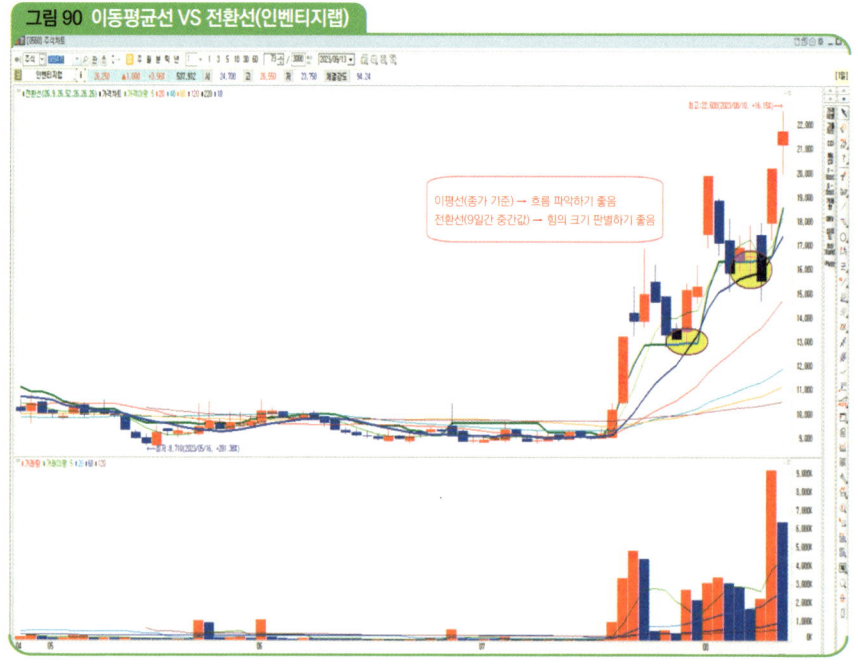

그림 90 이동평균선 VS 전환선(인벤티지랩)

HPSP(403870)

반도체 어닐링 장비 제조업체로 세계 유일의 고압 수소 어닐링 장비를 제조하고 있다.

기술적 분석

이동평균선은 종가에 따라 지표가 바뀌어 주가의 흐름을 파악하기에는 좋지만 주가의 힘의 크기를 판별하기는 어렵다. 반면, 전환선 지표의 움직임은 9일간의 주가의 중간값을 기준으로 움직이므로 계단식으로 움직이고 움직임의 변화가 크지 않아 주가의 흐름을 파악하기에는 어렵지만 주가의 힘의 크기를 판별하기에는 좋다.

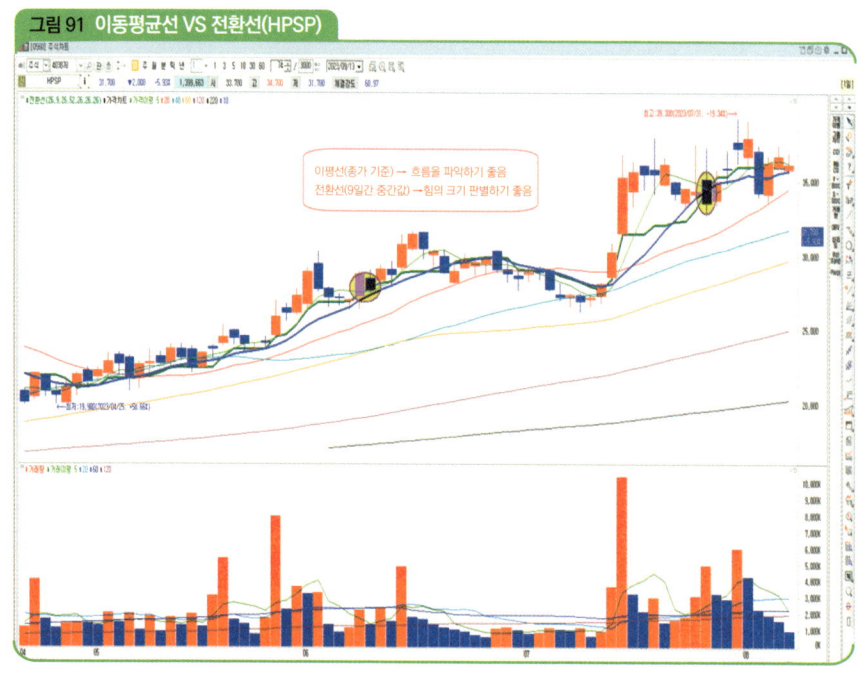

그림 91 이동평균선 VS 전환선(HPSP)

5-6
전환선, 주식 프로들의 실전 매매법(1) (핵심 키포인트)

일목균형표 전환선 실전 매매에서 종목이 이 조건을 충족시켜야 한다.

- 조건

1. 주가가 상승탄력을 유지한 상태에서 상승한 후 눌림을 만들어야 한다.

   전환선은 강한 종목이 눌릴 때 다음 파동을 생각하고 공략할 때 사용하는 지표다. 따라서 강한 종목이 되기 위한 상승탄력 유지와 눌림이 만들어져야 공략할 수 있다.

2. 주가가 전환선과 기준선 위에 있어야 하고 전환선이 기준선 위에 있어야 한다.

   강한 종목의 기준은 먼저 주가가 전환선과 기준선 위에 위치하는 것이다. 또한, 추가의 상승탄력이 좋으려면 전환선이 기준선 위에 위치해야 한다. 따라서 강한 종목을 고르기 위해서는 이 조건을 충족시켜야 한다.

3. 종목의 모멘텀이 존재해야 한다.

종목의 모멘텀이 존재하지 않으면 종목에 대한 기대감이 없고 많은 사람의 관심에서 벗어나므로 종목이 상승하기 어렵다. 따라서 강한 종목이 되려면 시장에서 많은 사람이 관심을 가질 만한 모멘텀이 존재해야 한다.

4. 종목에 시장의 테마와 이슈가 있어야 한다.

종목이 시장의 관심을 받는 테마와 시장에서 강하게 작용하는 이슈가 있어야 한다. 많은 사람의 관심을 받아야만 강한 상승이 나오므로 시장의 테마와 이슈가 종목에 있어야 한다.

5-7 전환선, 주식 프로들의 실전 매매법(2) (핵심 키포인트)

1. **주가 상승 후 눌림 시 전환선 부근에서 1차 매수한다.**
   강한 종목의 1차 눌림 자리는 전환선 부근이므로 전환선 부근에서 1차 매수한다.

2. **전환선 이탈 시 기준선에서 2차 매수한다.**
   주가가 전환선에서 이탈하면 가장 확률 높은 주가의 다음 반등 구간은 기준선이므로 기준선에서 2차 매수한다.

3. **기준선 지지 후 반등 시 일부 수익실현한다.**
   기준선까지 내려오면 2차 매수까지 하게 되어 비중이 늘어나므로 비중 조절 즉, 리스크 관리를 위해 일부 수익실현 후 나머지 물량은 흐름을 보면서 대응한다.

4. **기준선 이탈 후 2~3일 안에 회복하지 못하면 비중을 축소한다.**
   주가가 기준선에서 이탈하는 기간이 3일 이상 되면 주가의 힘이 급격히 약해지고 하락 추세로 전환될 확률이 높아진다. 따라서 주가가 기준선에서 이탈한 후 단기간에 기준선 위로 다시 회복하지 못하면 비중을 축소해 리스크를 관리한다.

이수페타시스(007660)

반도체 관련주이자 반도체 기판, AI 기판, 5G, 서버용 PCB 전문 생산업체다. 주요 거래처로는 삼성전자가 있다(기존 사업). AI 기판으로는 고다층 기판을 보유하고 있다. 현재 동사의 주력제품인 고다층 기판(AI 기판)은 대량의 데이터 처리에 적합해 AI 반도체를 비롯해 서버, 네트워크 장비 등에 많이 사용되고 있다.

기술적 분석

주가 상승 후 눌림 시 전환선에서 반등(강한 상승 종목)

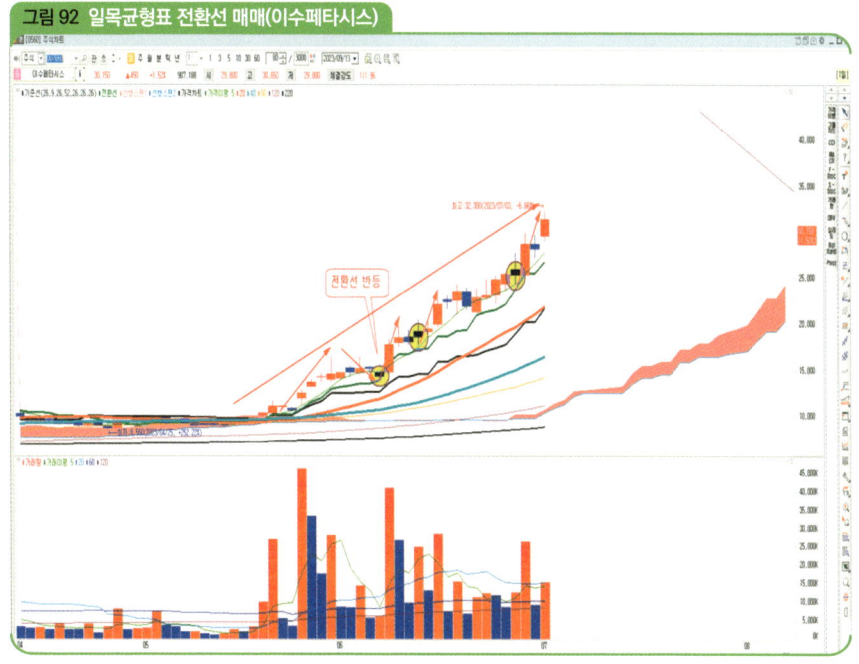

그림 92 일목균형표 전환선 매매(이수페타시스)

🎯 EG(037370)

페라이트 관련주로 전기차와 가전제품 모터의 자석부품 원료로 사용되는 고순도 산화철을 생산하고 에너지·환경 분야의 플랜트와 소재 사업 등도 영위하고 있다. 산화수 설비 설계·시공, 운전능력을 모두 보유한 세계 유일의 산화철 전문업체로 고급 산화철 세계 시장점유율 1위를 꾸준히 유지 중이다.

기술적 분석

주가 상승 후 눌림 시 전환선에서 반등(강한 상승 종목)

그림 93 일목균형표 전환선 매매(EG)

🎯 JYP ENT(035900)

주요 사업으로 소속 연예인 가수·배우의 엔터테인먼트 활동과 음반·음원 제작·판매, MD 등 부가사업을 영위 중이다. 트와이스, 엔믹스, ITZY, 스트레이키즈 등을 소속 연예인으로 보유한 엔터테인먼트 기업이다.

기술적 분석

주가 상승 후 눌림 시 전환선에서 반등(강한 상승 종목)

그림 94 일목균형표 전환선 매매(JYP ENT)

에스엠(041510)

음반을 기획·제작·유통하는 음악 콘텐츠 사업과 매니지먼트 사업 등을 영위하는 글로벌 엔터테인먼트 기업이다. 소속 아티스트로는 강타, 보아, 동방신기, 슈퍼주니어, 소녀시대, 샤이니, EXO, 레드벨벳, NCT 127, NCT DREAM, SuperM, WayV, 에스파 등이 있다.

기술적 분석

주가 상승 후 눌림 시 전환선에서 반등(강한 상승 종목)

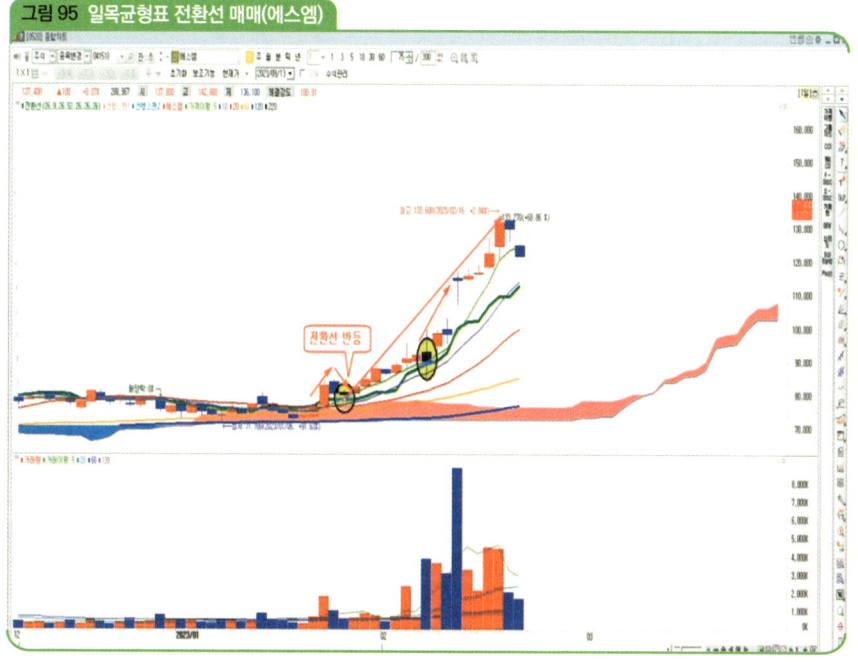

금양(001570)

2차전지 및 발포제 관련 업체다. 세계 시장점유율 약 30%의 발포제 1위 기업으로 2022년 6월 삼성SDI, LG에너지솔루션에 이어 개발한 2170 원통형 배터리로 2차전지 기업으로도 분류된다.

기술적 분석

주가 상승 후 눌림 시 전환선에서 반등(강한 상승 종목)

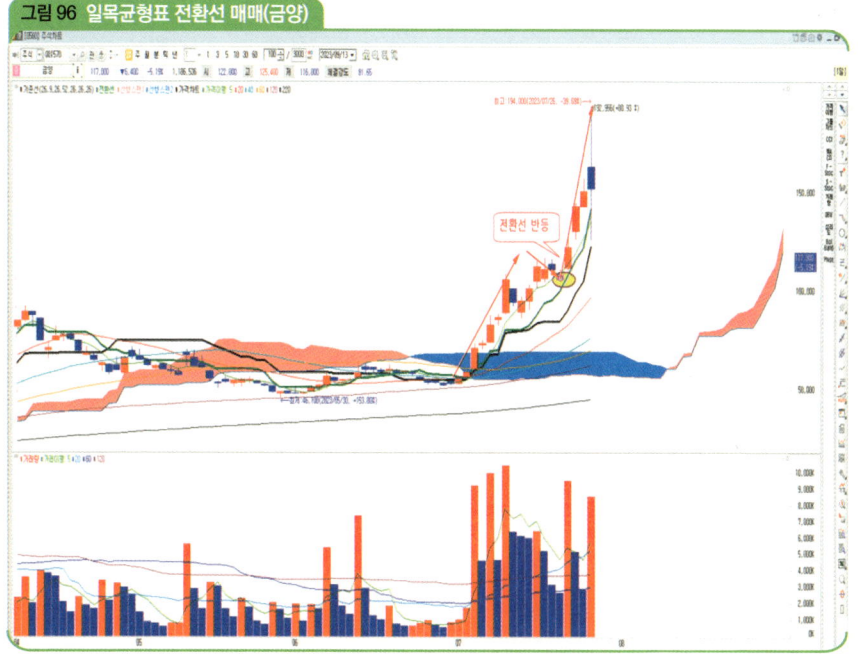

그림 96 일목균형표 전환선 매매(금양)

마음AI(377480)

　인공지능이 필요한 여러 기업 고객에게 AI 알고리즘 개발부터 AI 데이터 구축, AI 기술 기반 응용 애플리케이션 서비스 개발까지 종합적인 AI 서비스를 End-to-End로 제공하는 인공지능(AI) 종합 서비스 전문기업이다.

기술적 분석

주가 상승 후 눌림 시 전환선에서 반등(강한 상승 종목)

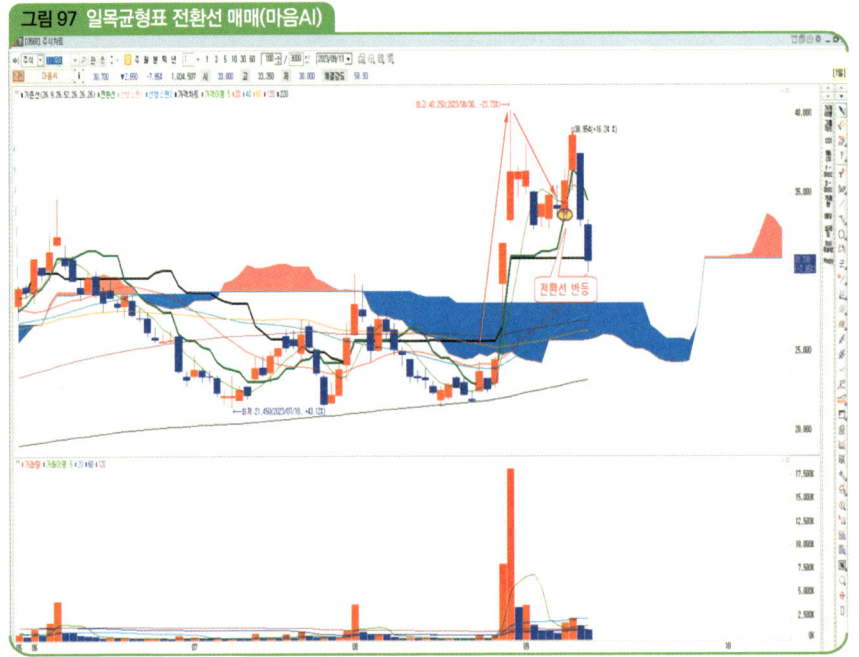

그림 97 일목균형표 전환선 매매(마음AI)

박셀바이오(323990)

항암 면역 치료제를 연구·개발하는 바이오테크 업체로 Vax-NK 항암 면역 치료 플랫폼과 Vax-DC 항암 면역 치료 플랫폼, CAR-T 치료제와 CAR-NK 치료제인 Vax-CAR 항암 면역 치료제 플랫폼 등 다양한 면역세포를 활용한 항암 면역 치료 플랫폼을 보유하고 있다.

기술적 분석

주가 상승 후 눌림 시 전환선에서 반등(강한 상승 종목)

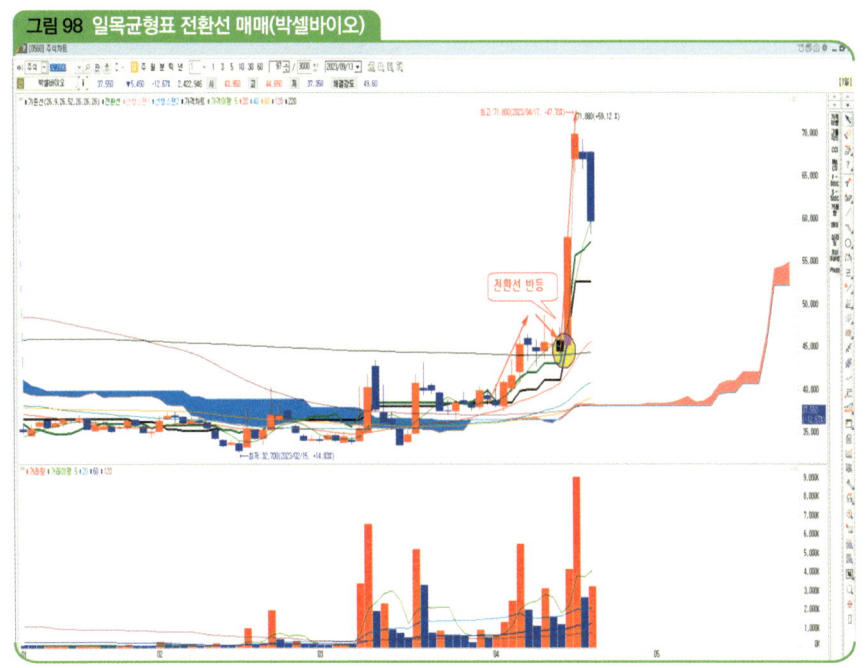

그림 98 일목균형표 전환선 매매(박셀바이오)

5-8 전환선, 주식 프로들의 실전 매매(응용편)

- **매매법**

1. **주인공 캔들이 등장하면 종가에 1차 매수한다.**

   주인공 캔들의 등장은 강한 매수세의 등장을 의미한다. 따라서 강한 매수세의 등장을 확인하고 종가에 1차 매수한다.

2. **전환선 부근에서 2차 매수한다.**

   강한 종목의 1차 눌림 자리는 전환선 부근이므로 전환선 부근에서 2차 매수한다.

3. **기준선 부근에서 3차 매수한다.**

   앞에서 설명한 바와 같이 주가가 전환선에서 이탈하면 주가의 가장 높은 확률의 다음 반등 구간은 기준선이다. 따라서 기준선 부근에서 3차 매수한다.

4. **기준선 이탈 시 2~3일 안에 주가가 기준선 위로 회복하지 못하면 비중을 축소한다.**

   주가가 기준선에서 이탈한 기간이 3일 이상 되면 주가의 힘이 급격히 약해지고 하락 추세로 전환될 가능성이 커진다. 따라서 주가가 기준선에서 이탈한 후 빠른 시간 안에 기준선 위로 회복하지 못하면 비중을 축소해 리스크 관리를 한다.

※ 주의사항

1. 종목의 모멘텀과 이슈는 필수적으로 있어야 한다.

   강한 종목도 모멘텀과 이슈가 없으면 상승분을 쉽게 반납하고 만다. 따라서 안전하고 확률 높은 매매를 위해서는 모멘텀과 이슈가 있는 종목을 선택해야 한다.

2. 주인공 캔들의 등장 여부를 반드시 확인해야 한다.

   주인공 캔들의 등장은 강한 매수세의 등장을 의미한다. 그리고 강한 종목은 강한 매수세가 들어오면서 상승하므로 강한 매수세의 등장을 의미하는 주인공 캔들을 반드시 확인한 후 매매해야 한다.

3. 반드시 분할매수해야 한다.

   이 매매기법은 종목이 눌릴 때 3차 매수까지 할 수 있으므로 반드시 분할매수로 리스크 관리를 해야 한다.

한미반도체(042700)

반도체 자동화 장비 제조·판매가 주 업종으로 HBM의 핵심장비인 TC 본딩 장비 제조업체다.

기술적 분석

주인공 캔들 등장 이후 2차(전환선), 3차(기준선) 매수 구간 지지 후 +55% 반등

그림 99 일목균형표 전환선 응용(한미반도체)

티로보틱스(117730)

2004년 설립 이후 구축한 글로벌 진공 로봇 전문기업에서 자율주행과 의료재활 분야에 대비한 종합 로봇 기업으로 변모 중이다. 주요 사업으로는 글로벌 FPD/Semi 제조사 및 장비사를 고객으로 확보한 진공 로봇 부문과 4차산업혁명에 대비한 스마트팩토리 및 자율주행 로봇 부문이 있으며 국내에서 유일하게 물류 로봇 기업 중 SK ON을 고객사로 확보하고 있다.

기술적 분석

주인공 캔들 등장 이후 2차(전환선), 3차(기준선) 매수 구간 지지 후 +41% 반등

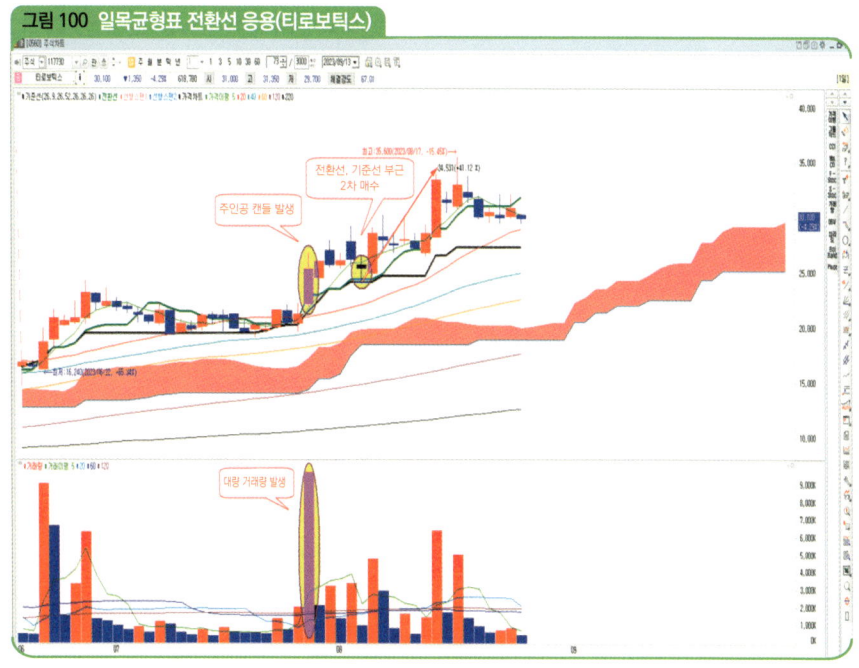

그림 100 일목균형표 전환선 응용(티로보틱스)

제우스(079370)

반도체 제조 장비 중 반도체 세정 장비의 주력 제조업체로 주요 장비로는 습식 세정 장비가 있으며 동사의 Cryo Pump(디스플레이 및 반도체 제조장치에 사용되는 진공 펌프로 압력을 감소시킨다)는 세계 시장점유율 1위를 차지하고 있다.

기술적 분석

주인공 캔들 등장 이후 2차(전환선) 매수 구간 지지 후 +40% 반등

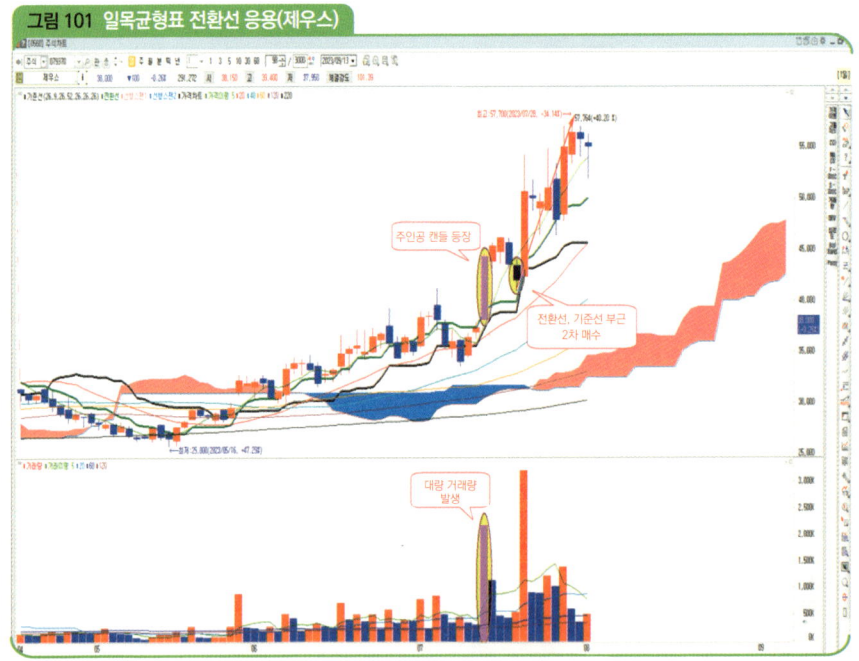

인성정보(033230)

원격의료 및 의료용 AI 관련 기업으로 클라우드 기반 인공지능 컨택센터 및 하이브리드 업무환경 서비스, 인프라 매니지드 서비스, 원격진료 헬스케어, 데이터센터 등 IT 환경 변화에 따른 핵심 인프라 솔루션 및 서비스를 One-Stop으로 제공 중인 에퀴녹스(닉스) 파트너사(AI) 기업이다.

기술적 분석

주인공 캔들 등장 이후 2차(전환선) 매수 구간 지지 후 +41% 반등

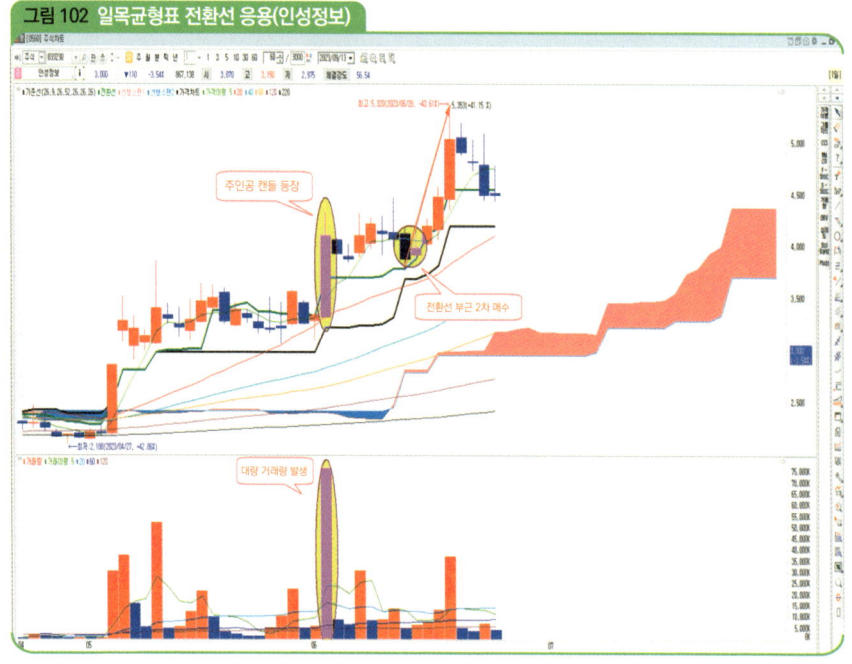

그림 102 일목균형표 전환선 응용(인성정보)

💰 인텍플러스(064290)

　반도체 검사장비 납품이 주력 업종인 기업으로 주요 사업부로는 패키지검사, 패키지판 검사, 디스플레이 및 2차전지 검사 사업부를 보유하고 있다.

기술적 분석

주인공 캔들 등장 이후 2차(전환선), 3차(기준선) 매수 구간 지지 후 +99% 반등

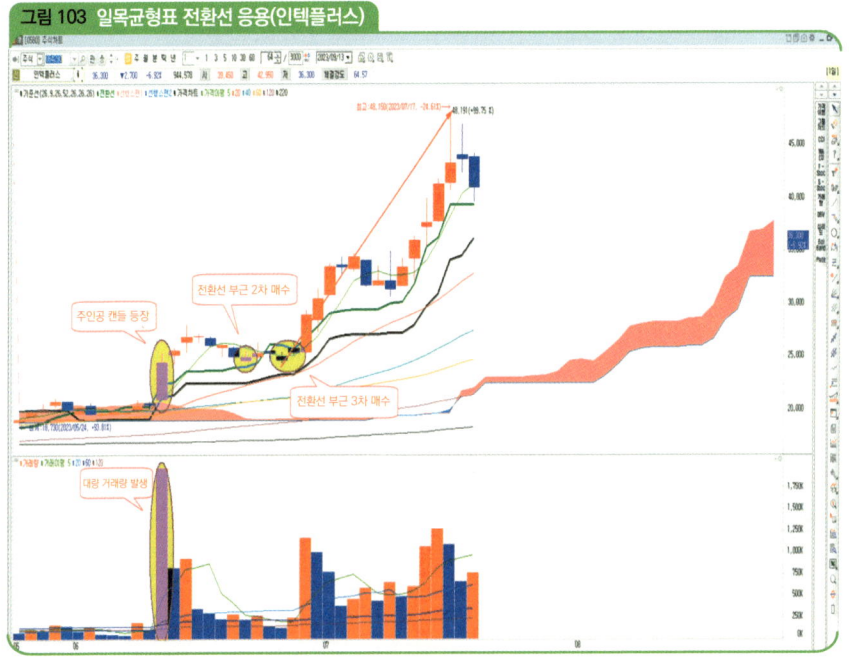

인벤티지랩(389470)

　비만 치료제 관련 바이오 기업으로 마이크로플루이딕 기술을 의약품 연구·개발에 적용해 장기 지속형 주사제를 개발했으며 비만 치료제로 IVL3005(2개월 지속형)와 IVL3021(1개월 지속형)을 개발 중이다.

기술적 분석

주인공 캔들 등장 이후 2차(전환선) 매수 구간 지지 후 +96% 반등

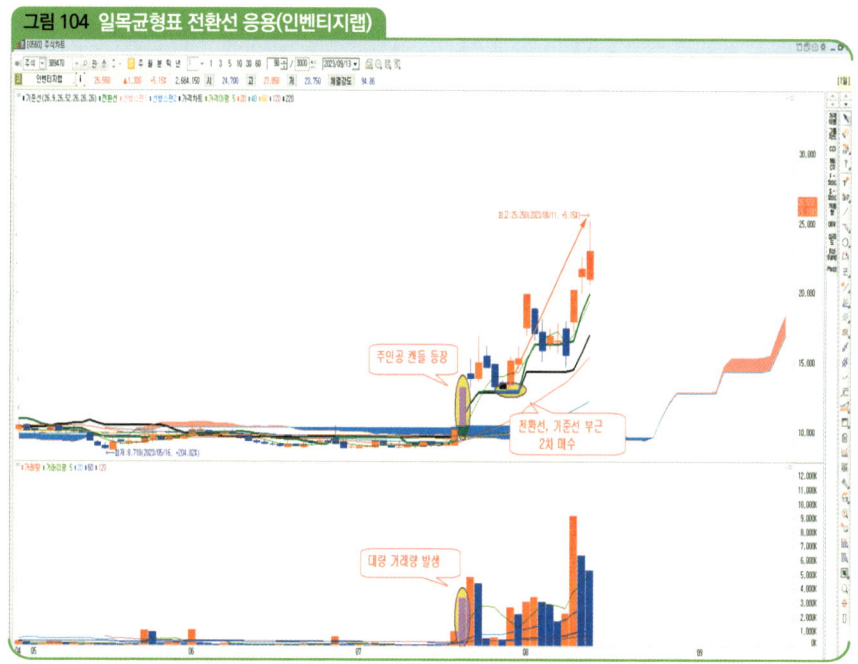

그림 104 일목균형표 전환선 응용(인벤티지랩)

제이엘케이(322510)

의료용 AI 관련 기업으로 AI 원천 알고리즘 기술을 기반으로 뇌졸중의 전 주기에 특화된 AI 솔루션을 보유해 골든 타임 안에 빠르고 정확한 진단 및 치료방침 결정을 지원하고 있다. 주요 제품으로는 다양한 의료영상을 한 화면에서 분석해 뇌졸중 진단 시스템을 지원하는 메디 허브 스트로크 등이 있다.

기술적 분석

주인공 캔들 등장 이후 2차(전환선), 3차(기준선) 매수 구간 지지 후 +172% 반등

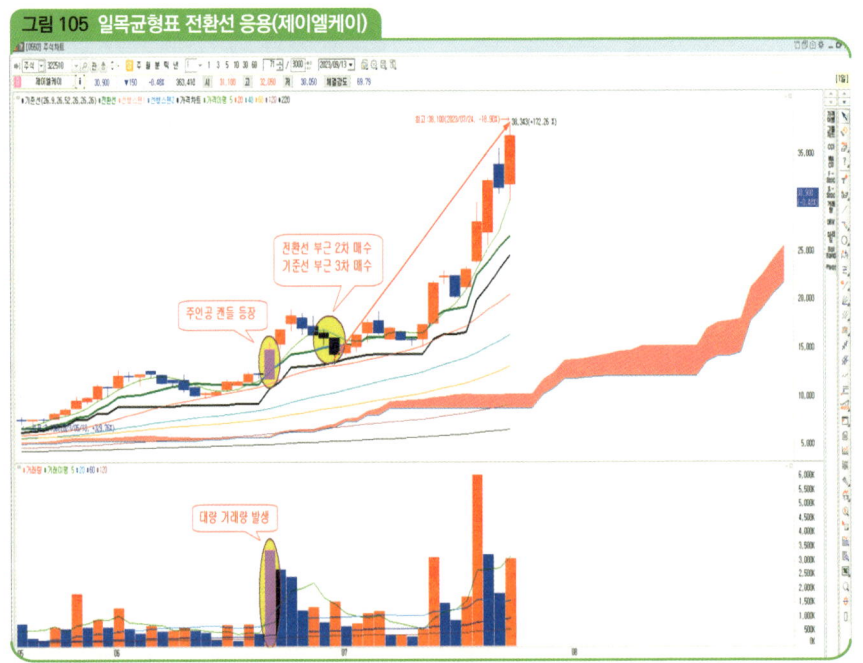

그림 105 일목균형표 전환선 응용(제이엘케이)

제6장

주가 추세 전환의 신호탄 MACD의 주식 프로들의 보조지표 활용법

6-1
주가에도 '관성의 법칙'이 작용한다.

　주식투자에서 주가의 추세는 매우 중요하다. 뉴턴의 운동 법칙 중 제1법칙인 '관성의 법칙'과 같이 주가에도 관성이 있다. 주가는 상승, 하락, 횡보 추세 중 한 가지 추세를 띠면 강력한 이슈나 힘이 들어오지 않는 한, 관성의 법칙과 같이 정해진 추세대로 움직인다. 이러한 주가의 추세 전환으로 인해 주가의 고점과 저점이 나타나므로 주가 추세의 전환을 잘 알면 고점과 저점을 찾기가 훨씬 쉬워져 매수·매도 타이밍을 빨리 잡을 수 있다. 제6장에서는 주식 프로들이 사용하는 주가의 방향성(추세) 전환 보조지표에 대해 알아볼 것이다. 제6장에서 주식 프로들처럼 주가의 추세 전환을 쉽게 파악해보자.

★ 주가의 방향성(추세)을 쉽게 찾는 방법

　주가의 방향성(추세)은 우선 캔들의 이동평균선을 통해 쉽게 찾을 수 있다. 이동평균선은 앞에서 설명했듯이 이 기간의 주가를 산술평균해 선으로 나타낸 지표다. 이것은 주가(종가 기준)의 움직임을 선으로 나타낸 지표이므로 주가가 어떻게 움직이는지를 시각적으로 보여주어 현재의 주가 추세가 상승, 하락, 횡보 중 어느 것인지 쉽게 파악하게 해준다. 제6장에서 설명할 MACD는 주가의 추세 전환과 주가의 과열 여부를 쉽게 파악하게 해주는 보조지표 중 하나다. 이제 MACD에 대해 알아보자.

6-2 MACD의 정의

  MACD는 'Moving Average Convergence Divergence'의 줄임말로 단기 이동평균선과 장기 이동평균선의 수렴·발산을 선으로 나타낸 보조지표다. 또한, MACD는 주가 추세의 강도, 방향, 모멘텀 지속시간의 변화를 보여주는 지표다. MACD는 장·단기 이동평균선의 차이를 보여주므로 이를 통해 주가의 추세 전환을 쉽게 알 수 있고 더 나아가 매매 신호도 포착할 수 있다.

6-3
MACD의 구성요소

MACD 지표는 MACD선, 시그널선, 오실레이터(Oscillator)로 구성되어 있다. 우선 MACD선은 12일간의 지수 이동평균선에서 26일간의 지수 이동평균선을 뺀 값을 산출한 지표다. MACD의 시그널선은 MACD선의 9일간의 지수를 이동 평균한 선으로 쉽게 말해 MACD선의 9일간의 이동평균선이다. MACD 지표의 오실레이터는 MACD선에서 시그널선을 뺀 값을 막대그래프로 표현한 것으로 MACD선과 시그널선의 차이를 시각적으로 쉽게 표현한 지표다.

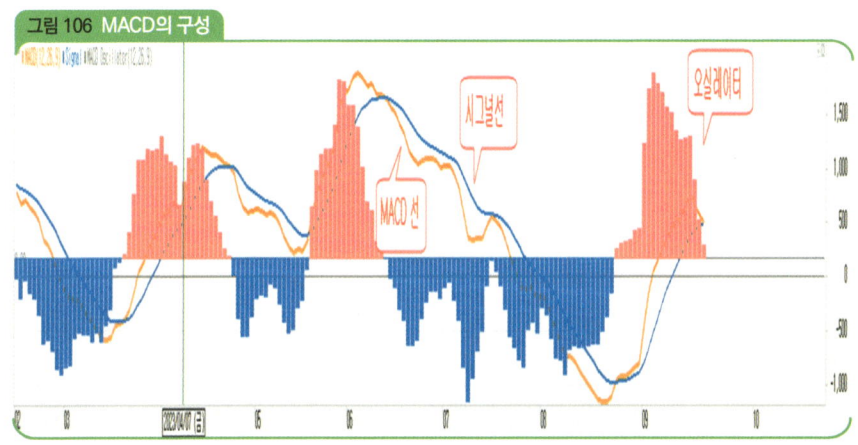

그림 106 MACD의 구성

6-4 MACD의 특징

• **MACD의 장점**

MACD 지표는 이동평균선의 단점인 시차를 극복했다는 장점이 있다. 이동평균선은 주가 추세를 쉽게 파악할 수 있지만 시차가 존재한다는 큰 단점이 있다. 즉, 이동평균선은 추세 전환에서 시차의 존재로 추세 전환 파악을 느리게 보여준다는 것이다. 그런데 MACD는 이동평균선보다 추세 전환을 빨리 보여주어 이동평균선의 단점을 극복했다는 장점이 있다. 이러한 장점 덕분에 MACD를 활용하면 하락하던 종목의 상승 전환과 상승하던 종목의 하락 전환을 더 쉽게 파악할 수 있다.

• **MACD의 단점**

MACD 지표는 장·단기 이동평균선의 수렴·확산 원리로 만든 지표이므로 그에 따른 단점들이 있다. 첫째, 주가가 횡보 구간에서 매수·매도 신호가 빈번히 나타나 신호의 신뢰성이 떨어진다. 둘째, MACD는 급격한 상승과 하락을 따라갈 수 없는데 이것도 MACD가 이동평균선에 기반해 만들어져 주가가 급등해도 이동평균선은 이격이 아직 벌어지지 않아 나타나는 현상이다. 마지막으로 MACD는 주가의 상승·하락 속도가 늦어질 때 추세를 거스르는 매매 시그널을 보낸다. 이것은 주가의 상승·하락 속도가 늦어지면 이동평균선들이 점점 수렴해 추세를 거스르는 매매 시그널을 보낼 수도 있다는 것이다.

6-5
주식 프로들의 MACD를 활용한 실전 매매법(기본편)

• **MACD선과 시그널선을 활용한 매매법**

1. MACD가 시그널선을 골든크로스할 때 매수 타이밍으로 활용해 이 종목을 매수한다.
2. MACD가 시그널선을 데드크로스할 때 매도 타이밍으로 활용해 보유 중인 종목을 매도한다.

MACD선은 주가의 추세를 보여주는 선이다. MACD 시그널선은 MACD선의 이동평균선이다. 따라서 MACD선이 MACD선(주가 추세선)이 평균선을 '골든크로스'하면 주가의 추세가 상승으로 전환했음을 의미해 매수 타이밍으로 활용하는 것이고 반대로 '데드크로스' 때는 주가의 추세가 하락으로 전환했음을 의미해 매도 타이밍으로 활용하는 방법이다.

한미반도체(042700)

반도체 및 TC 본더 관련 업체로 반도체 자동화 장비 제조·판매가 주력 업종이다. HBM의 핵심장비인 TC 본딩 장비를 만들고 있다.

기술적 분석

MACD 시그널선 골든크로스(매수 시점) 이후 +76% 상승(수익실현: MACD 데드크로스)

그림 107 MACD 기본 매매(한미반도체)

호텔신라(008770)

관광 및 중국 소비재 관련 기업이자 삼성그룹 계열 호텔로 면세점 운영과 호텔 서비스를 제공하고 있다. 서울 신라호텔, 제주 신라호텔, 신라스테이를 운영 중이다.

기술적 분석

MACD 시그널선 골든크로스(매수 시점) 이후 +28% 상승(수익실현: MACD 데드크로스)

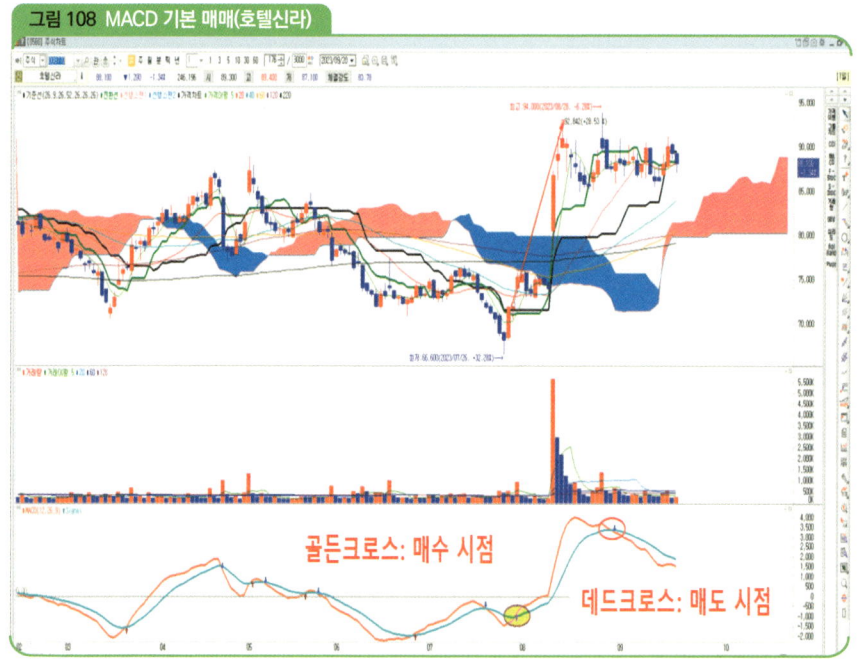

그림 108 MACD 기본 매매(호텔신라)

🎯 코리아나(027050)

화장품 및 중국 소비재 관련 업체로 화장품 제조·판매가 주 업종이다. 자인, 녹두, 세니떼, 비취가인, 앰플엔, 프리엔제, 엔시아, 텐세컨즈 등의 브랜드를 보유하고 있으며 주요 제품으로는 앰플엔, 프리엔제 등이 있다.

기술적 분석

MACD 시그널선 골든크로스(매수 시점) 이후 +107% 상승(수익실현: MACD 데드크로스)

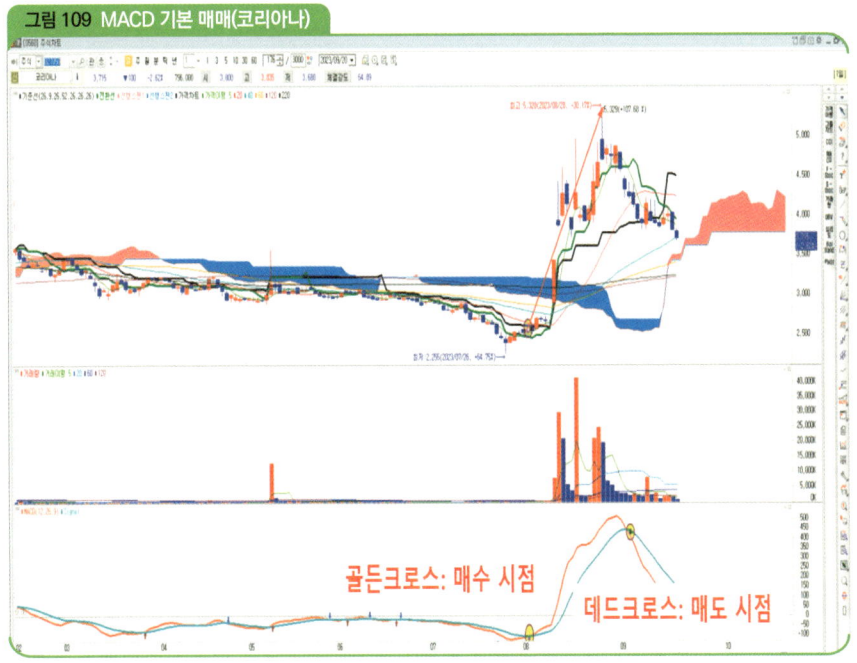

그림 109 MACD 기본 매매(코리아나)

뷰노(338220)

의료 AI 관련 업체이자 의료 인공지능 솔루션 개발 기업으로 국내 1호로 인공지능 의료기기인 'VUNO Med-Bone Age'를 출시했다. 주요 제품은 의료영상 솔루션이다. 국내 식약처의 인허가를 받은 11개 제품 중 8개가 의료영상 솔루션 제품으로 X-Ray, CT, MRI, Funduscopy 등 의료영상 기반 진단 보조 소프트웨어가 있다.

기술적 분석

MACD 시그널선 골든크로스(매수 시점) 이후 +75% 상승 (수익실현: MACD 데드크로스)

그림 110 MACD 기본 매매(뷰노)

티로보틱스(117730)

 2004년 설립 이후 구축한 글로벌 진공 로봇 전문기업에서 자율주행과 의료재활 분야에 대비한 종합 로봇 기업으로 변모 중이다. 주요 사업으로는 글로벌 FPD/Semi 제조사 및 장비사를 고객으로 확보한 진공 로봇 부문과 4차산업혁명에 대비한 스마트팩토리 및 자율주행 로봇 부문이 있으며 국내에서 유일하게 물류 로봇 기업 중 SK ON을 고객사로 확보하고 있다.

기술적 분석

MACD 시그널선 골든크로스(매수 시점) 이후 +41% 상승(수익실현: MACD 데드크로스)

그림 111 MACD 기본 매매(티로보틱스)

브이원텍(251630)

2차전지 및 디스플레이 검사장비 업체로 소프트웨어와 하드웨어 역량을 모두 갖추고 AI 솔루션을 제공하고 있다. 2차전지 부문에서는 Stacking 및 라미네이션 검사 등 2차전지 검사장비, 디스플레이 부문에서는 패널의 전기적 신호를 검사하는 장비를 생산하고 있다.

기술적 분석

MACD 시그널선 골든크로스(매수 시점) 이후 +37% 상승(수익실현: MACD 데드크로스)

그림 112 MACD 기본 매매(브이원텍)

★ MACD 오실레이터를 활용한 매매법

MACD 오실레이터는 MACD와 시그널선의 차이를 막대그래프로 나타낸 보조지표다. MACD 오실레이터는 캔들과 같이 양봉과 음봉으로 나타나는데 MACD와 시그널선 값이 양(+)이면 양봉을 띠고 음(-)이면 음봉으로 표현된다. MACD와 시그널선의 차이가 클수록 그래프의 크기도 커진다.

- **매매법**

1. MACD 오실레이터가 양봉을 나타냈을 때 매수 시그널로 활용해 종목을 매수한다.

    MACD 오실레이터가 양봉을 띤다는 것은 MACD가 시그널선을 골든 크로스했다는 것과 같은 뜻이다. 이것은 주가의 추세가 상승으로 전환했음을 의미해 매수 타이밍으로 활용하는 것이다.

2. MACD 오실레이터가 음봉을 나타냈을 때 매도 시그널로 활용해 보유 중인 종목을 매도한다.

    MACD 오실레이터가 음봉을 띤다는 것은 MACD가 시그널선을 데드 크로스했다는 것과 같은 뜻이다. 이것은 주가의 추세가 하락으로 전환했음을 의미해 매도 타이밍으로 활용하는 것이다.

★ 주식 프로들의 MACD 매매법(응용)

다음은 MACD와 오실레이터를 활용한 응용 매매법이다.

- **MACD 시그널선 교차 + 오실레이터 매매법**

MACD 시그널선 교차와 오실레이터를 활용하면 추세 전환과 세기를 알 수 있다. MACD와 시그널선 교차는 추세 전환을 알려주고 오실레이터의 막대그래프 크기는 추세의 세기를 알려준다. 따라서 MACD의 3가지 지표를 모두 활용하면 다음과 같다.

MACD 시그널선 골든크로스, 오실레이터 양봉의 크기가 크다: 상승 추세로 전환한 후 추세가 강해진다는 의미로 매수 시그널로 활용해 종목을 매수한다.

MACD 시그널선 골든크로스, 오실레이터 양봉의 크기가 작다: 상승 추세로 전환했지만 추세가 약하다는 것을 의미하며 매수 시그널로 활용하지만 오실레이터의 크기가 큰 매수 시그널보다 세기가 약해 수익이 나면 신속한 수익실현으로 대응한다.

MACD 시그널선 데드크로스, 오실레이터 음봉의 크기가 크다: 하락 추세로 전환한 후 하락 추세가 강해지는 것을 의미하므로 종목이 손실 중이라면 빠른 손절이나 대폭적인 비중 축소 등 신속한 탈출로 대응한다.

MACD 시그널선 데드크로스, 오실레이터 음봉의 크기가 작다: 하락 추세로 전환했지만 추세의 세기가 약하다는 것을 의미하므로 비중 축소나 다른 보조지표들의 손절 기준을 함께 활용해 보유 중인 종목에서 신속한 탈출로 대응한다.

레인보우로보틱스(277810)

이족보행 로봇 플랫폼 업체로 국내 최초로 인간형 이족보행 로봇(HUBO)을 개발했다. 협동 로봇뿐만 아니라 모바일 매니퓰레이터, 의료용 로봇, 2족 보행 로봇, 4족 보행 로봇 등 다양한 로봇 플랫폼을 보유 중이다.

기술적 분석

MACD 시그널선 골든크로스(주가의 상승 추세 전환)와 큰 오실레이터(강한 추세)의 등장으로 강한 상승 추세가 나타난 모습

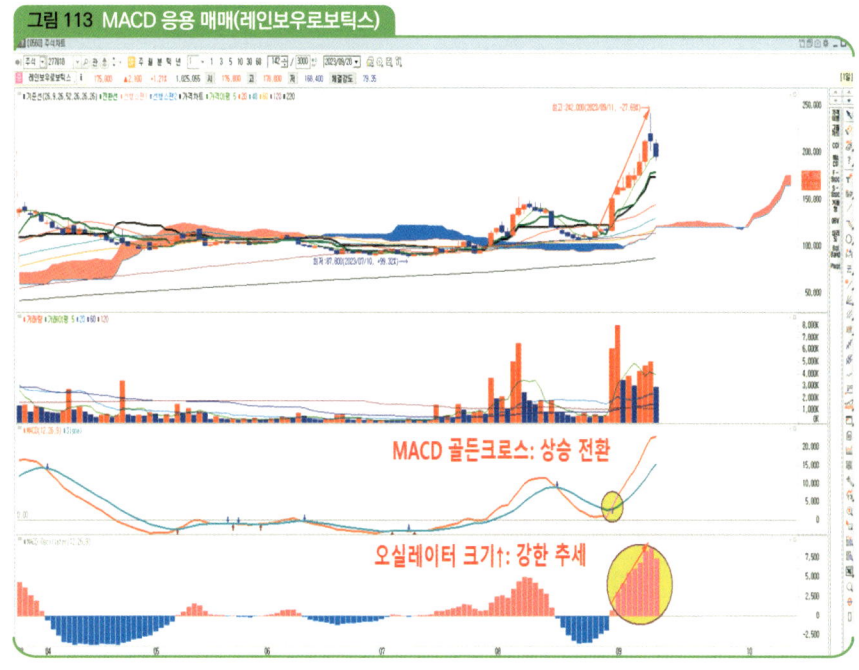

그림 113 MACD 응용 매매(레인보우로보틱스)

한미글로벌(053690)

발주자 대신 건설사업의 관리를 대행해주는 국내 최초의 대표적인 건설사업관리(PM · CM) 업체이자 건설관리사업(CM) 업계 1위의 해외 건설업체다. 현재까지 약 2,500개 프로젝트(월드컵경기장, 삼성전자 P3L, 롯데월드타워, 여의도 IFC몰 등) 수행 경험이 있으며 2021년 6월 약 26억 원 규모의 '네옴 더 라인(Neom The Line)' 마스터플랜 용역 계약을 체결했다.

기술적 분석

MACD 시그널선 골든크로스(주가의 상승 추세 전환)와 작은 오실레이터(강한 추세)의 등장으로 약한 상승 추세가 나타난 모습

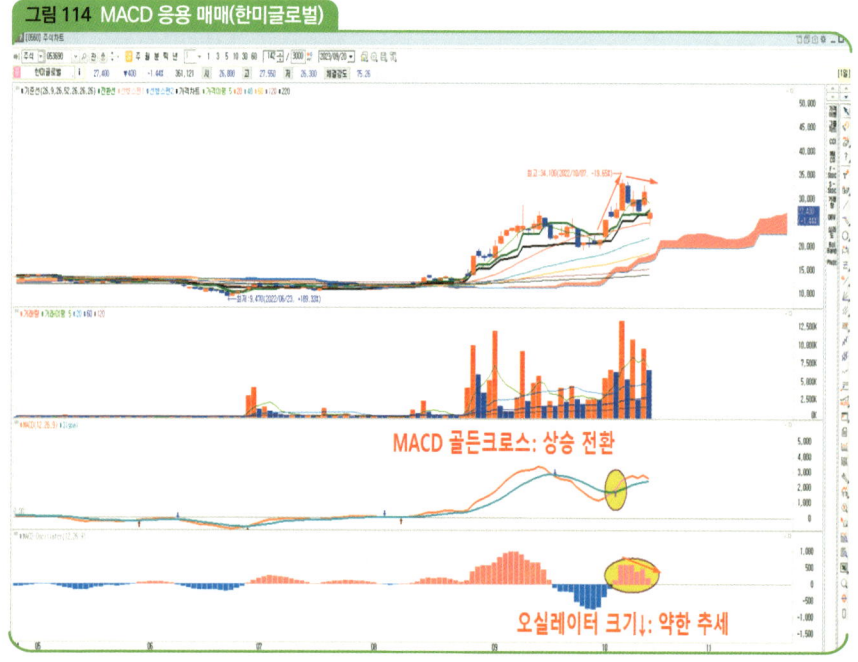

그림 114 MACD 응용 매매(한미글로벌)

에스비비테크(389500)

　감속기 국산화를 선도하는 로봇 감속기 업체로 국내 최대 규모의 로봇용 감속기 CAPA를 확보하고 있으며 육군(아미 타이거 4.0) 자동 조준경에 일본 H사 제품을 대체해 25mm, 40mm 감속기를 공급 중이다.

기술적 분석

MACD 시그널선 데드크로스(주가의 하락 추세 전환)와 큰 오실레이터(강한 추세)의 등장으로 강한 하락 추세가 나타난 모습

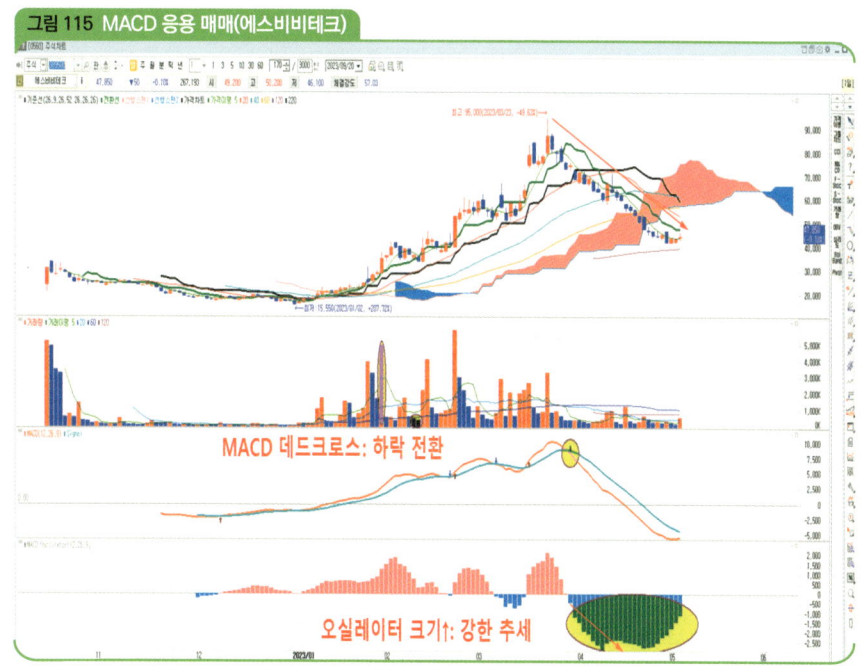

그림 115 MACD 응용 매매(에스비비테크)

📊 인성정보(033230)

원격의료 및 의료용 AI 관련 업체로 클라우드 기반 인공지능 컨택센터 및 하이브리드 업무환경 서비스, 인프라 매니지드 서비스, 원격진료 헬스케어, 데이터센터 등 IT 환경 변화에 따른 핵심 인프라 솔루션 및 서비스를 One-Stop으로 제공하고 있다. 에퀴녹스(닉스) 파트너사(AI)다.

기술적 분석

MACD 시그널선 데드크로스(주가의 하락 추세 전환)와 작은 오실레이터(약한 추세)의 등장으로 약한 하락 추세가 나타난 모습

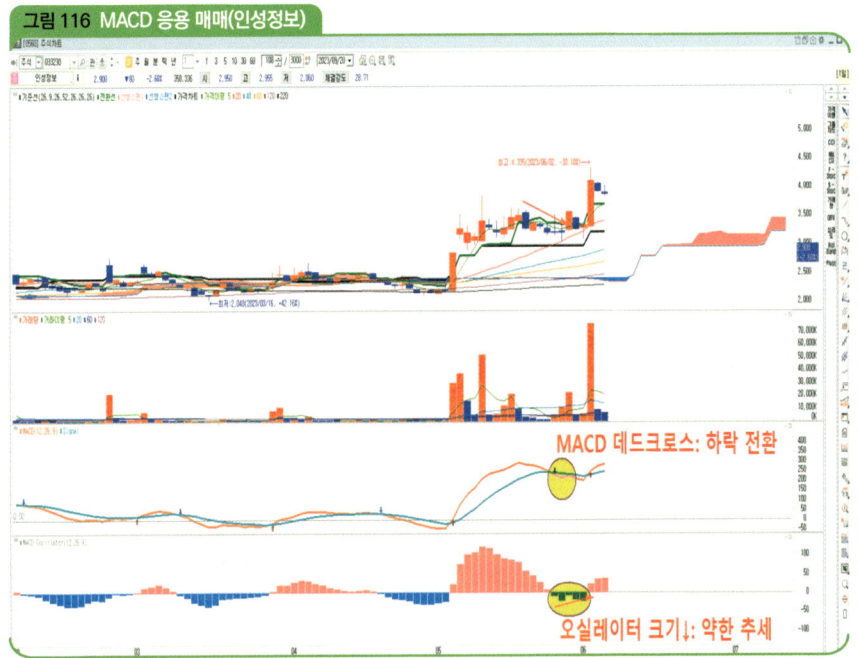

그림 116 MACD 응용 매매(인성정보)

★ MACD의 다이버전스

다이버전스는 사전적 의미로 '차이, 이격, 발산'을 뜻한다. 대부분의 보조지표는 주가와 지표가 함께 움직이는데 MACD는 주가와 MACD 지표가 따로 움직일 때가 있다. 즉, 다이버전스가 발생하는 것이다. 예를 들어, 주가는 하락하는데 MACD가 올라가거나 주가는 상승하는데 MACD가 내려가는 현상과 같이 MACD는 주가와 반대로 움직이는 특징이 있다. MACD의 다이버전스는 상승 다이버전스와 하락 다이버전스로 나뉜다. MACD 상승 다이버전스는 주가는 하락하는데 MACD는 상승하는 경우로 이것을 통해 주가의 상승 추세 전환을 예측할 수 있다. MACD의 하락 다이버전스는 주가는 상승하는데 MACD는 하락하는 경우로 이것을 통해 주가의 하락 추세 전환을 예측할 수 있다.

마음AI(377480)

　인공지능이 필요한 여러 기업 고객에게 AI 알고리즘 개발부터 AI 데이터 구축, AI 기술 기반 응용 애플리케이션 서비스 개발까지 종합적인 AI 서비스를 End-to-End로 제공하는 인공지능 종합 서비스 전문기업이다.

기술적 분석

주가는 하락하지만 MACD는 상승하는 MACD 상승 다이버전스가 발생해 주가의 하락 추세가 멈춘 모습

그림 117 MACD 상승 다이버전스(마음AI)

솔트룩스(304100)

B2B(대 기업 고객) 및 B2G(대 공공 고객) 인공지능, 빅데이터 솔루션 프로젝트를 수주해 구축하거나 클라우드 기반 서비스 사업을 영위하며 인공지능과 빅데이터 관련 소프트웨어 라이선스를 고객사에게 제공할 때 컨설팅과 커스터마이제이션 등 전문 서비스를 제공하고 있다. 또한, AI 기술을 개발하고 국내에서 AI 관련 특허를 가장 많이 보유하고 있다.

기술적 분석

주가는 하락하지만 MACD는 상승하는 MACD 상승 다이버전스가 발생해 주가의 하락 추세가 멈춘 모습

그림 118 MACD 상승 다이버전스(솔트룩스)

큐렉소(060280)

국내 1위의 수술용 의료 로봇 기업으로 의료 로봇 사업, 임플란트 사업, 무역업을 영위 중이다. 마이크로소프트와 AI 수술 로봇 개발 협력을 체결했다.

기술적 분석

주가는 하락하지만 MACD는 상승하는 MACD 상승 다이버전스가 발생해 주가의 하락 추세가 멈춘 모습

그림 119 MACD 상승 다이버전스(큐렉소)

에코프로(086520)

NCA 양극재 시장에서 스마토모메탈마이닝에 이어 세계 2위의 생산 능력과 압도적인 시장점유율을 점한 2차전지 관련 기업으로 2차전지용 하이니켈 양극재 제조업을 영위 중이다.

기술적 분석

주가는 상승하지만 MACD는 하락하는 MACD 하락 다이버전스가 발생해 주가의 상승 추세가 멈추는 모습

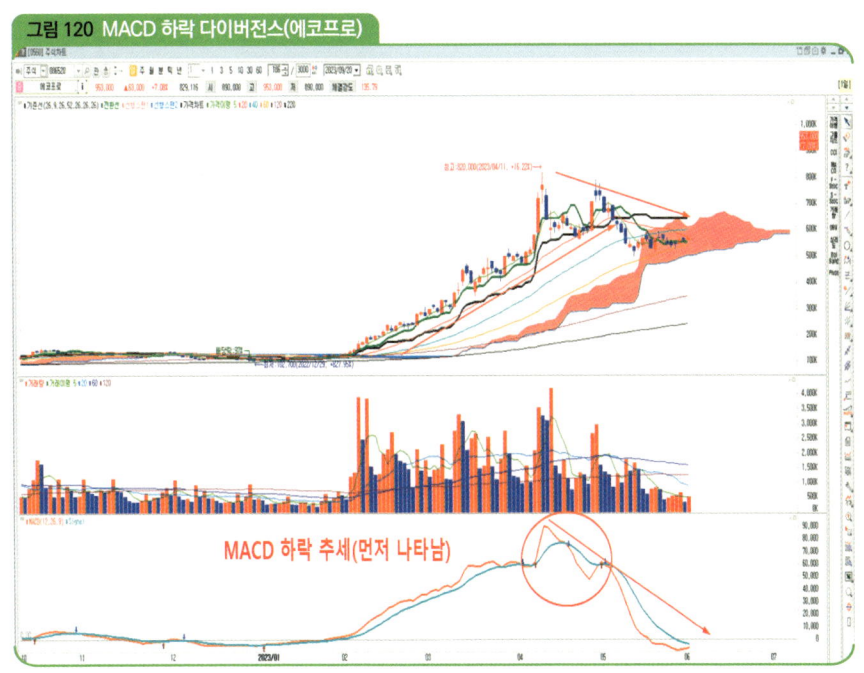

그림 120 MACD 하락 다이버전스(에코프로)

ISC(095340)

반도체 테스트 소켓 전문업체로 패키지 테스트 소켓사업을 영위 중이다. 주요 제품으로는 실리콘 러버소켓이 있다.

기술적 분석

주가는 상승하지만 MACD는 하락하는 MACD 하락 다이버전스가 발생해 주가의 상승 추세가 멈춘 모습

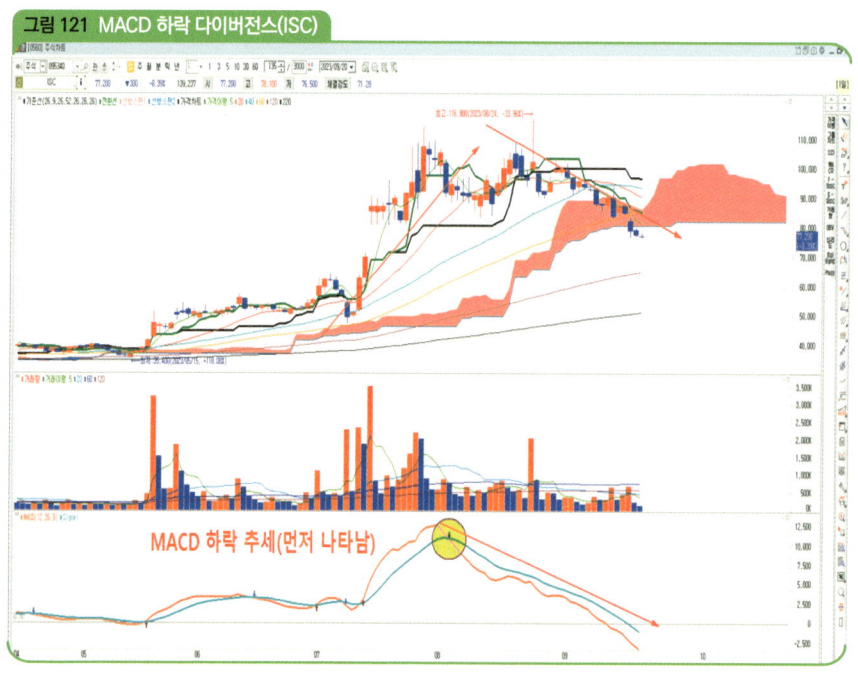

그림 121 MACD 하락 다이버전스(ISC)

POSCO홀딩스(005490)

철강 및 2차전지 소재(리튬) 관련 업체로 제선·제강 및 압연재의 생산·판매를 주요 사업으로 영위 중이다. 자동차, 조선, 가전 등의 산업에 원자재를 공급하는 철강사업(포스코)이 주력이며 2차전지 소재(리튬)와 관련해 아르헨티나 옴브레 무에르토 염호(소금호수)를 인수해 리튬 생산 활로를 개척했다.

기술적 분석

주가는 상승하지만 MACD는 하락하는 MACD 하락 다이버전스가 발생해 주가의 상승 추세가 멈춘 모습

6-6 주식 프로들의 MACD를 활용한 실전 매매법(응용편)

주식 프로들은 MACD를 활용해 주가의 추세 전환을 신속히 파악한다. 이들은 당일 매매에서 MACD를 30분봉과 결합해 활용한다. 30분봉은 당일 매매에서 종목 추세를 판단하는 데 유용해 많은 주식 프로들이 30분봉으로 당일 종목 추세를 판단한다. MACD는 주가의 추세 전환을 명확히 알려주는 지표이므로 이것을 함께 활용해 당일 매매에서 추세를 신속히 판단하게 해준다. 이제 프로들의 MACD 활용법에 대해 알아보자.

- **주식 프로들의 MACD 실전 추세 전환 매매법 및 예**

1. 차트의 30분봉에서 MACD 지표를 추가한다.
2. 하락하던 MACD선이 시그널선을 골든크로스할 때 이 캔들을 기준으로 분할매수한다.

   하락하던 MACD선이 시그널선을 골든크로스하는 것은 종목의 하락 흐름이 상승 추세로 전환한다는 의미로 골든크로스 캔들을 기준으로 분할매수하는 것이다.

3. MACD선의 시그널선 골든크로스가 발생한 캔들의 시가나 저가에서 이탈하면 비중을 축소한다.

골든크로스한 캔들의 시가와 저가에서 이탈했다는 것은 하락 추세 전환을 의미하므로 골든크로스 캔들의 시가나 저가에서 이탈했을 때는 리스크 관리를 위해 비중 축소나 손절로 대응한다.

※ 주식 프로들의 실전 매매 시 주의사항

1. 캔들의 종가에서부터 분할매수한다.

캔들이 만들어지고 있을 때는 캔들이 계속 움직이면서 골든크로스가 발생하다가 종가에 발생하지 않는 경우도 많다. 따라서 골든크로스가 분명히 발생하는 종가에서부터 분할매수해야 더 안전하게 매매할 수 있다.

2. 종목에 모멘텀과 재료 이슈가 존재해야 한다.

모멘텀, 재료, 이슈가 없는 종목에는 사람들의 기대감이 없으며 언제든지 하락이 발생할 가능성이 높다. 그러므로 종목에 모멘텀, 재료, 이슈가 있어야 신뢰도 높은 매매를 할 수 있다.

3. 주인공 캔들이 등장한 종목은 상승할 확률이 높으므로 더 신뢰도 높은 매매를 할 수 있다.

주인공 캔들의 등장은 강한 매수세의 등장을 의미한다. 따라서 주가 추세 전환이 강한 매수세와 함께 발생한다면 기존 추세 전환보다 더 신뢰도 높은 매매가 가능하므로 주인공 캔들의 추세 전환 시 주인공 캔들의 등장 여부도 함께 확인하는 것이 바람직하다.

4. 큰 갭이 나와 골든크로스한 종목은 제외한다.

큰 갭이 나오면 갭 때문에 대부분의 투자자가 자신이 생각한 수익을 초과하는 수익이 나와 차익실현 심리가 커져 하락할 확률이 높아진다.

에스와이(109610)

모듈러 하우스, 건설 관련 업체다. 조립식 샌드위치 패널 제조·판매가 주력사업인 국내 1위의 샌드위치 패널 기업이다. 종속회사인 에스와이빌드는 컬러강판, 구조용 단열 패널 제조·판매업, 에스와이스틸텍은 데크플레이트 제조·판매업을 영위하고 있다.

기술적 분석

30분봉상 MACD 시그널선 골든크로스 캔들 등장(매수 시점) 이후 단기간 +25% 급등

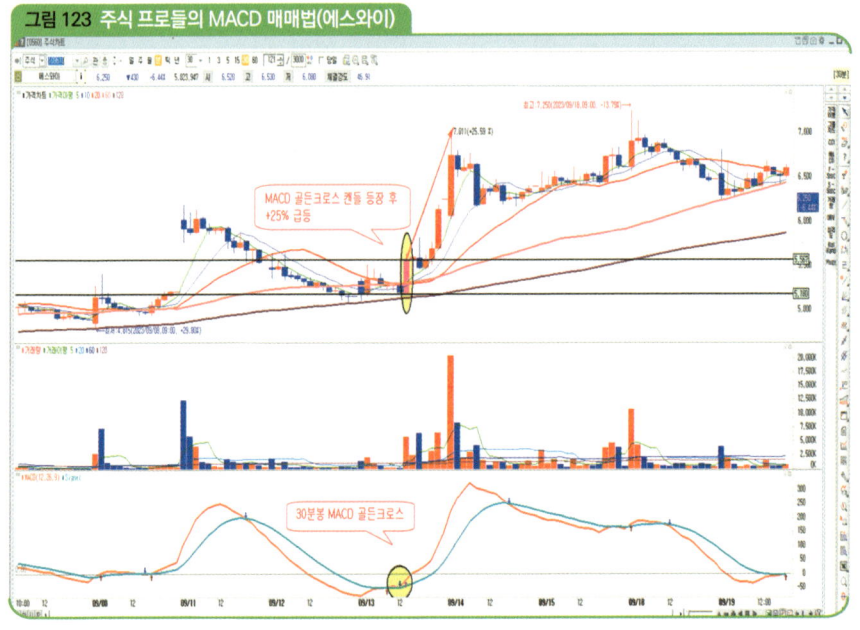

루닛(328130)

의료용 AI 및 인공지능을 활용한 솔루션 개발업체로 대표 제품군으로 루닛 인사이트(폐암·유방암 진단 보조), 루닛 스코프(암 조직 슬라이드의 면역학적 형질과 PD-L1 발현 여부를 정량화하는 디지털 병리진단 솔루션)를 보유하고 있다.

기술적 분석

30분봉상 MACD 시그널선 골든크로스 캔들 등장(매수 시점) 이후 단기간 +26% 급등

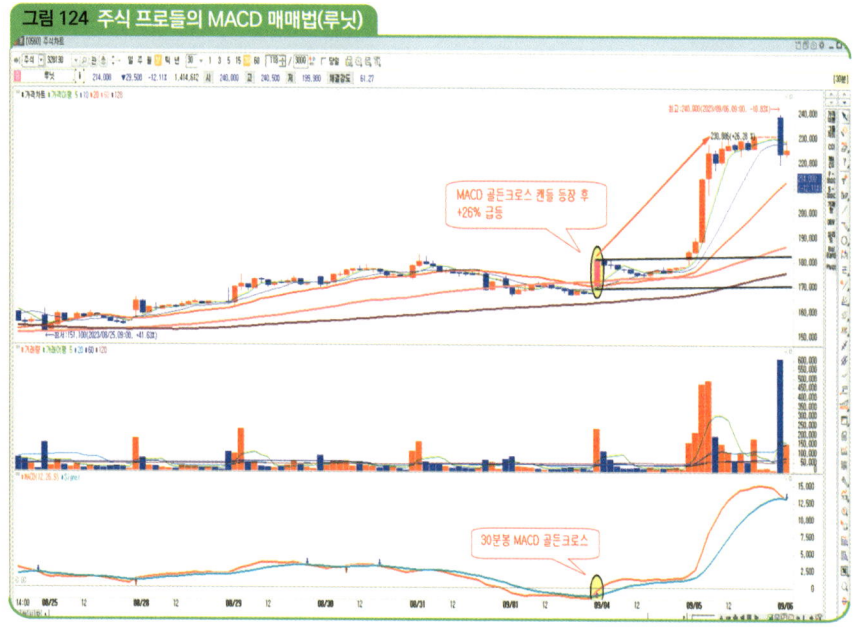

그림 124 주식 프로들의 MACD 매매법(루닛)

STX(011810)

2차전지(니켈) 관련 업체이자 에너지, 원자재 수출입, 기계·엔진·해운·물류 4대 사업 중심의 전문 무역상사다. 국내 계열사로는 STX마린서비스(선박 관리, 해양서비스), STX 리조트(리조트, 단체급식), 피케이밸브(밸브 제조), STX 바이오 등을 보유하고 있다. 2차전지 소재(니켈)와 관련해 세계 3대 니켈 광산 중 하나인 마다가스카르 암바토비 니켈 광산 지분 1.67%를 보유해 2차전지(니켈) 관련 기업으로 분류된다.

기술적 분석

30분봉상 MACD 시그널선 골든크로스 캔들 등장(매수 시점) 이후 단기간 +46% 급등

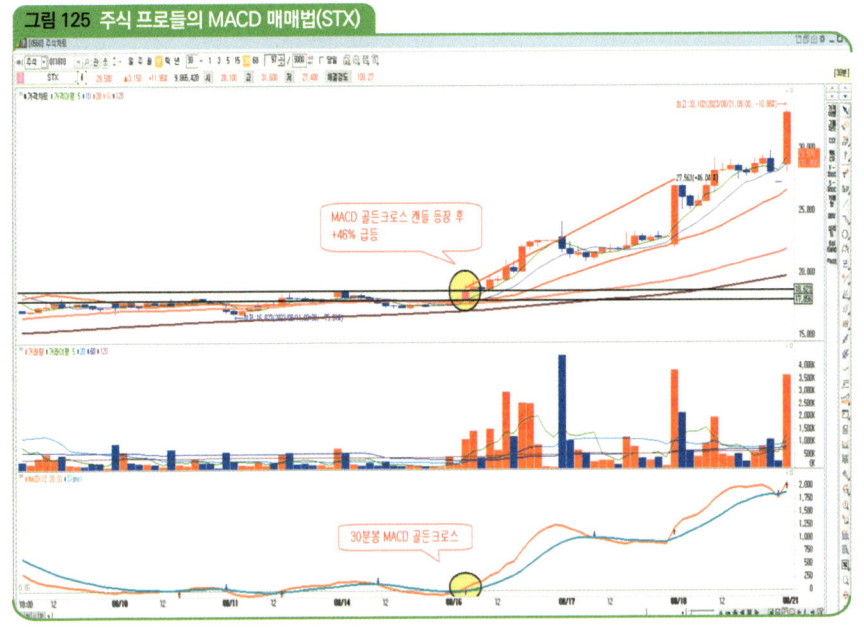

그림 125 주식 프로들의 MACD 매매법(STX)

폴라리스오피스(041020)

AI 오피스 플랫폼 '폴라리스 오피스 AI'를 출시한 오피스 소프트웨어(SW) 전문기업이다. 모바일 백신 솔루션(V-Guard), Atlassian 솔루션, 모바일 게임 사업 부문을 영위하고 있다.

기술적 분석

30분봉상 MACD 시그널선 골든크로스 캔들 등장(매수 시점) 이후 단기간 +37% 급등

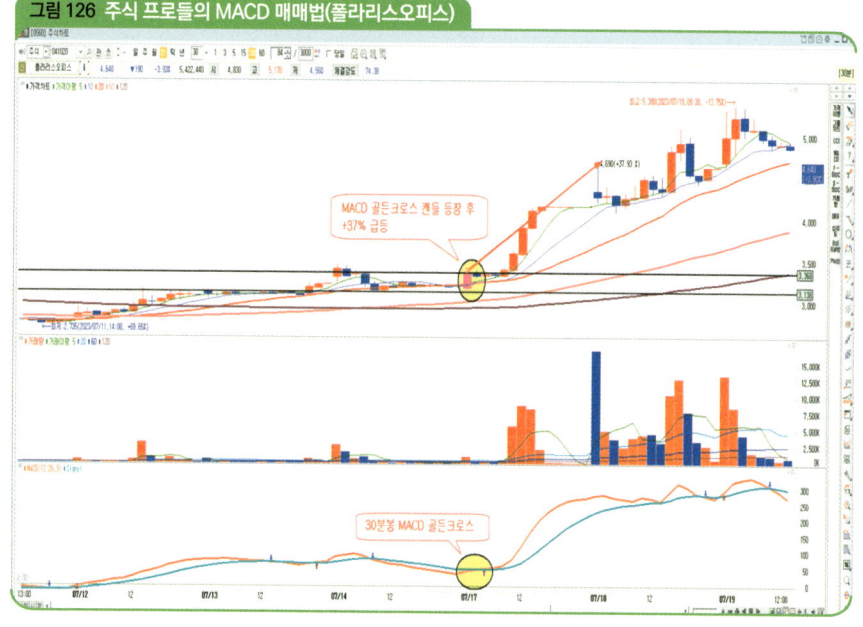

그림 126 주식 프로들의 MACD 매매법(폴라리스오피스)

대동기어(008830)

대동그룹 계열사로 로봇 관련 업체다. 농기계, 자동차 등의 동력전달 장치용 부품 및 트랜스미션을 전문적으로 생산하고 있다. 선박기, 원동기, 자동차, 공작기계 기어 등을 제조·판매 중이며 31.66% 지분을 보유한 대동이 최대주주다.

기술적 분석

30분봉상 MACD 시그널선 골든크로스 캔들 등장(매수 시점) 이후 단기간 +50% 급등

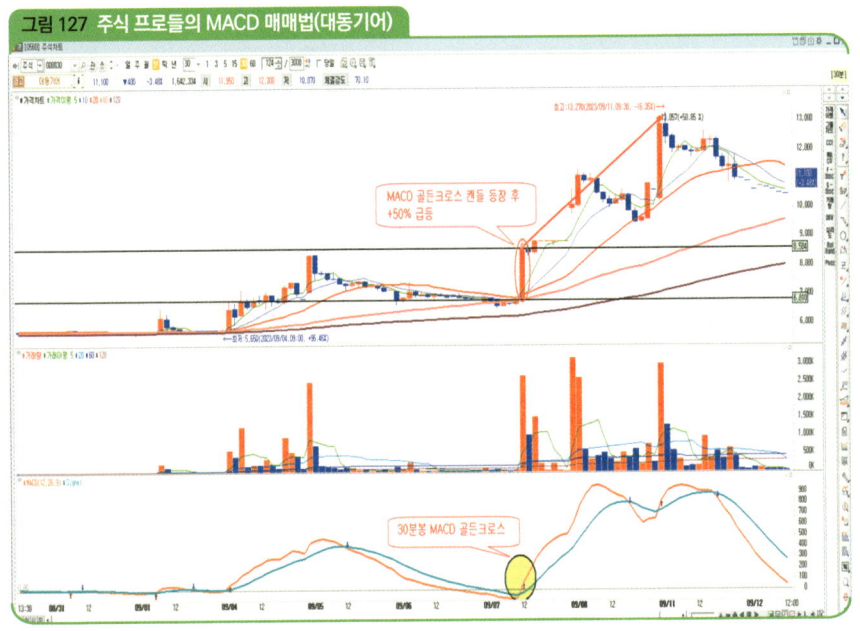

그림 127 주식 프로들의 MACD 매매법(대동기어)

제7장

주식 프로들의 트레이딩 매매라인 DEMARK 활용 노하우

★ 주가의 지지와 저항

주식매매는 흔히 심리 싸움이라고 한다. 주식시장에는 수많은 투자자가 있기 때문이다. 장기투자자, 중기(스윙)투자자, 데이트레이더, 단기매매자 등 수많은 사람이 주식시장 안에 존재한다. 이처럼 수많은 사람이 존재하기 때문에 특정 구간에서 그들의 매수·매도 심리가 작용하고 그로 인해 주가 패턴이 만들어진다. 주가 패턴의 가장 대표적인 예가 바로 지지와 저항이다.

먼저 주가의 지지는 특정 구간에서 지속적인 반등이 나오는 구간을 뜻한다. 일상에서도 사람들은 물건을 비싸게 사기를 꺼린다. 그래서 자신이 생각하는 최대한 낮은 가격에 물건을 사려고 한다. 이러한 특정 가격에서 사람들의 매수 심리가 주가에 작용해 지속적인 반등이 나오는 것을 '주가의 지지'라고 하고 이것을 선으로 연결한 것이 바로 지지선이다.

주가의 저항은 특정 구간에서 지속적인 하락이 나오는 구간을 뜻한다. 이것은 지지의 반대 개념이다. 사람들은 자신이 보유한 물건의 가치가 올랐을 때 최대한 비싸게 팔고 싶어 한다. 그런데 너무 비싸게 팔려고 하면 아예 팔리지 않는 경우가 있어 적당히 비싼 가격에 물건을 팔게 된다.

이렇게 일정한 가격에서 사람들의 매도심리가 주가에 작용해 주가의 지속적인 하락이 나오는 것을 '주가의 저항'이라고 하고 이것을 선으로 연결한 것이 바로 저항선이다. 이번 주제에서 설명하는 DEMARK는 주가의 지지와 저항을 시각적으로 쉽게 보도록 만든 지표다. 이제 주식 프로들의 트레이딩 매매라인(Line)인 DEMARK에 대해 알아보자.

7-1 DEMARK의 개념

　DEMARK는 1990년대 토마스 디마크가 개발한 지표로 전일 가격을 통해 당일 목표가격을 설정하는 것이다. Demark는 고가(저항), 저가(지지), 이것을 결정해주는 기준가격으로 구성되어 있다. Demark 고가와 저가는 이전 거래일의 최고점과 최저점, 현재 거래일의 최고점과 최저점을 비교해 계산된다. Demark는 저항과 지지를 나타내는 특징이 있어 가격 변동의 반전 시점을 찾아내는 데 많이 사용된다.

7-2
DEMARK의 구성

앞에서도 말했듯이 Demark는 고가, 저가 그리고 고가와 저가를 만드는 데 기준이 되는 기준가격으로 구성되어 있다. Demark 고가(저항/목표 고가)는 기준가격에 2를 곱한 후 전일 저가를 뺀 값을 선으로 표시한 것으로 저항선 역할을 한다. 저항선의 Demark 저가(지지/목표 저가)는 기준가격에 2를 곱한 후 전일 고가를 뺀 값을 선으로 표시한 것으로 지지선 역할을 한다. 마지막으로 기준가격은 Demark 고가/저가를 만드는 데 기준이 되는 가격으로 캔들 모양에 따라 계산하는 방법이 다르다. 기준가격 계산법은 다음과 같으며 참고만 하면 된다.

그림 128 DEMARK의 구성

★ DEMARK 고가(목표 고가): 저항선 역할
(기준가격 × 2) − 전일 저가

─── 목표 고가
─── 기준가격
─── 목표 저가

★ DEMARK 저가(목표 저가): 지지선 역할
(기준가격 × 2) − 전일 고가

7-3

DEMARK의 기준가격 계산법

* 전일 캔들이 음봉인 경우(종가가 시가보다 아래)

  - 전일(시가+고가+종가+저가)/2

* 전일 캔들이 양봉인 경우(종가가 시가보다 위)

  - 전일(시가+고가+종가+고가)/2

* 전일 캔들이 십자형 보합인 경우

  - 전일(시가+고가+종가+종가)/2

그림 129 Demark 저항 및 지지(삼성전자)

    일봉상 DEMARK 지표는 추세 밴드처럼 움직이며 캔들의 윗꼬리와 아래꼬리는 지표 안에서 움직인다.

분봉상에서 DEMARK 지표는 목표 고가와 목표 저가가 하나의 박스처럼 나타내고 있다. 이로써 Demark는 일봉보다 분봉에서 활용해야 단기 트레이딩 매매 활용에 유용하다는 것을 알 수 있다.

7-4
DEMARK가 주식 프로들의 사랑을 받는 이유

다음은 Demark의 특징이다.

1. 단기 매매에서 주가의 움직임을 예측하기 쉽다.

   Demark는 전일 가격으로 당일 목표가격을 선으로 표시한 지표다. 따라서 다른 지표들보다 움직임이 빨라 단기매매에서 주가의 움직임을 예측하는 데 유리하다.

2. 당일의 지지와 저항을 시각적으로 명확히 보여준다.

   Demark 지표는 일봉상 고가·저가가 분봉상 고가·저가와 같다. 그런데 분봉상 Demark 고가(저항)와 저가(지지) 표시가 일직선으로 되어 있어 당일의 지지와 저항을 명확히 시각화할 수 있다.

3. 장기매매에서 주가의 움직임을 예측하기 어렵다.

   Demark 지표는 전일 가격으로 만든 지표이므로 이 Demark 지표는 일봉상에서 목표 고가와 목표 저가가 매일 계속 바뀐다. 그러므로 장기적인 주가 예측이 어렵다.

4. 매수·매도 타이밍을 간단히 파악할 수 있다.

Demark 지표는 당일 고가(저항)와 저가(지지)를 보여주는 지표다. 앞에서 설명했듯이 Demark 고가는 저항 역할을 하고 저항 구간에서는 사람들의 매도심리가 나타난다. Demark 저가는 지지 역할을 하고 지지 구간에서는 사람들의 매수심리가 나타난다. 따라서 주가의 지지 및 저항 구간의 특징을 활용해 Demark 지지에서 종목을 매수하고 저항에서 매도하는 전략을 활용해 매수·매도 타이밍을 간단히 파악할 수 있다.

5. 일봉보다 분봉에서 저항·지지를 더 쉽게 판별할 수 있다.

Demark 지표는 일봉보다 분봉에서 저항·지지를 판별하기 쉽다. Demark 지표는 분봉과 일봉에서의 목표 고가와 저가가 같다. 그런데 일봉에서는 다른 날의 목표 고가와 저가가 함께 보여 지표가 계속 움직이지만 분봉에서는 당일 목표 고가와 저가만 보여주므로 분봉에서 저항과 지지를 더 쉽게 판별할 수 있다.

7-5
DEMARK의 기본적인 매매법

Demark의 기본적인 매매법은 시가가 Demark(상한선 및 하한선) 범위 안에서 시작할 때와 시가가 Demark를 벗어나 시작할 때 두 가지로 나뉜다. 먼저 시가가 Demark 범위 안에서 시작할 때의 트레이딩 매매법에 대해 알아보자.

• **시가가 DEMARK 지표(예상 목표가격) 안에서 시작**

1. 목표 저가(하한선) 부근을 매수 타이밍으로 활용한다.
2. 목표 고가(상한선) 부근을 매도 타이밍으로 활용한다.
3. 목표 저가(하한선) 부근 → 매수
   목표 고가(상한선) 부근 → 매도
   목표 저가(하한선) 이탈 시 손절 및 비중 축소

분봉상 Demark 저가(하한선)와 고가(상한선)가 지지선(Line)과 저항선(Line) 역할을 한다는 것은 이미 앞에서 설명했다. 따라서 Demark 저가선과 고가선의 지지·저항 역할을 활용해 저가 부근에서 지지할 때 매수하고 주가가 고가 부근까지 상승하면 매도해 수익을 챙긴다. 그리고 주가가 목표 저가(하한선)에서 이탈하면 급락할 가능성이 크므로 손절과 대폭적인 비중 축소로 리스크 관리를 한다.

한화에어로스페이스(012450)

항공 엔진, 방산 사업 등을 영위하는 한화 방산 부문 중간지주사다. 동사의 종속회사인 한화디펜스는 K9, K21 장갑차, 레드백 장갑차 등을 주력으로 제조·판매하고 있다. K9은 세계 자주포 시장에서 50% 이상 점유율을 확보하고 있다. 또한, GE, 롤스로이스, 유로 제트 등 글로벌 제트엔진 업체의 군수·민항용 엔진을 면허·생산한다.

기술적 분석

분봉상 주가가 DEMARK 지표 안에서 움직이면서 DEMARK 저항선(상한선)에서 저항을 받고 DEMARK 지지선(하한선)에서 지지를 받는 모습이다. 이때는 DEMARK 지지선(하한선)에서 지지할 때 매수해 DEMARK 저항선(상한선)에서 수익실현하는 전략을 사용한다.

그림 131 Demark 하한선 지지와 상한선 저항(한화에어로스페이스)

신성델타테크(065350)

HA(생활가전), BA(2차전지), SVC(물류 서비스) 3개 사업 부문을 운영 중인 초전도체 관련 기업이다. 퀀텀에너지연구소의 지분을 보유한 엘앤에스 벤처캐피탈의 지분을 보유해 초전도체 관련 기업으로 분류되었다.

기술적 분석

분봉상 주가가 DEMARK 지표 안에서 움직이면서 DEMARK 저항선(상한선)에서 저항을 받고 DEMARK 지지선(하한선)에서 지지를 받는 모습이다. 이때는 DEMARK 지지선(하한선)에서 지지할 때 매수하고 DEMARK 저항선(상한선)에서 수익실현하는 전략을 사용한다.

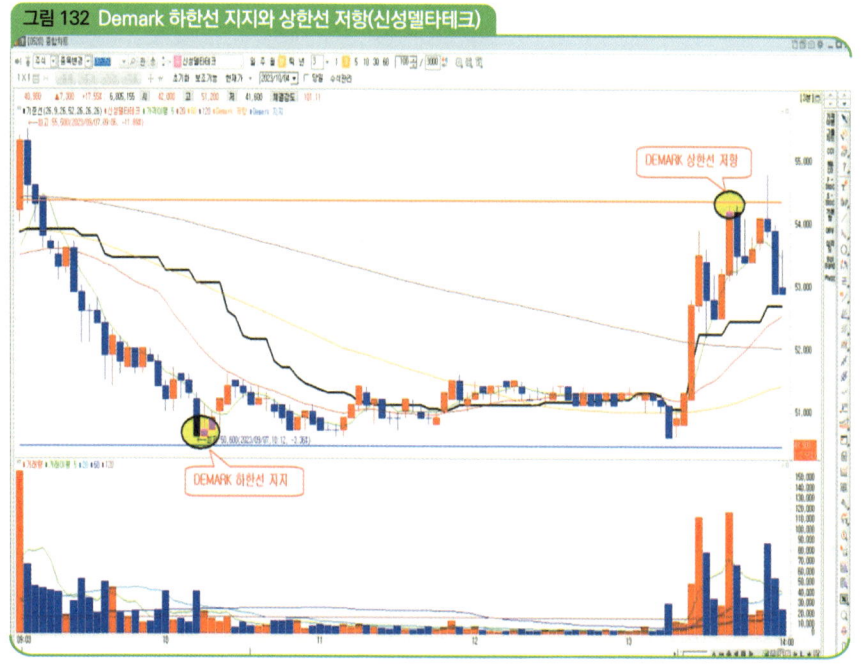

그림 132 Demark 하한선 지지와 상한선 저항(신성델타테크)

폴라리스오피스(041020)

AI 오피스 플랫폼 '폴라리스 오피스 AI'를 출시한 오피스 소프트웨어(SW) 전문기업으로 모바일 백신 솔루션(V-Guard), Atlassian 솔루션, 모바일 게임 사업 부문을 영위 중이다.

기술적 분석

분봉상 주가가 DEMARK 지표 안에서 움직이면서 DEMARK 저항선(상한선)에서 저항을 받고 DEMARK 지지선(하한선)에서 지지를 받는 모습이다. 이때는 DEMARK 지지선(하한선)에서 지지할 때 매수하고 DEMARK 저항선(상한선)에서 수익실현하는 전략을 사용한다.

그림 133 Demark 저항선에서 저항과 지지선에서 지지(폴라리스오피스)

- **시가가 DEMARK 지표(예상 목표가격) 밖에서 시작하는 경우**

  시가가 Demark 지표 밖에서 시작한다는 것은 시장에 단기적인 호재나 악재가 발생했음을 의미한다. 그래서 시가가 Demark 저항 위에서 시작하면 단기 상승 추세가 발생하고 시가가 Demark 지지 아래에서 시작하면 단기 하락 추세가 발생한다.

★ 매매법

1. 목표 고가(상한선: 빨간 선) 위에서 시작 → 목표 고가(상한선) 부근에서 매수
   2% 이상 수익 시 매도
   목표 고가(상한선) 이탈 시 손절 및 대폭적인 비중 축소
2. 목표 저가(하한선: 파란 선) 아래에서 시작 → 주가가 안정적일 때 매수
   목표 저가(하한선: 파란 선) 부근에서 매도
   안정적인 구간에서 이탈 시 손절 및 대폭적인 비중 축소

주가가 지지선이나 저항선을 돌파하면 이 지지선과 저항선은 새로운 저항선과 지지선이 된다. Demark에 대입했을 때 주가가 Demark 목표 고가(상한선)를 돌파하면 Demark 목표 고가는 저항에서 지지로 바뀌고 단기 상승 추세가 발생한다. 따라서 지지와 저항의 특성을 이용해 Demark 목표 고가(상한선) 부근에서 매수해 수익을 낸다. 반대로 Demark 목표 저가(하한선)에서 이탈하면 지지였던 Demark 목표 저가(하한선)가 저항으로 바뀌고 주가는 단기 하락 추세가 발생한다. 따라서 주가가 하락하다가 안정되면 종목을 매수해 목표 저가(하한선) 부근에서 수익을 낸다.

가온칩스(399720)

AI 반도체 관련 업체이자 팹리스와 파운드리 사이에서 곁다리 역할을 해주는 시스템 반도체 디자인 솔루션 전문업체다. LX세미콘, 텔레칩스 등 팹리스 고객 레퍼런스를 보유하고 있고 삼성 파운드리의 공식 디자인 솔루션 파트너사다.

기술적 분석

시가가 DEMARK 갭을 만들며 DEMARK 저항선 위에서 시작해 단기간에 상승 추세를 발생시켜 +6.28% 상승한 모습

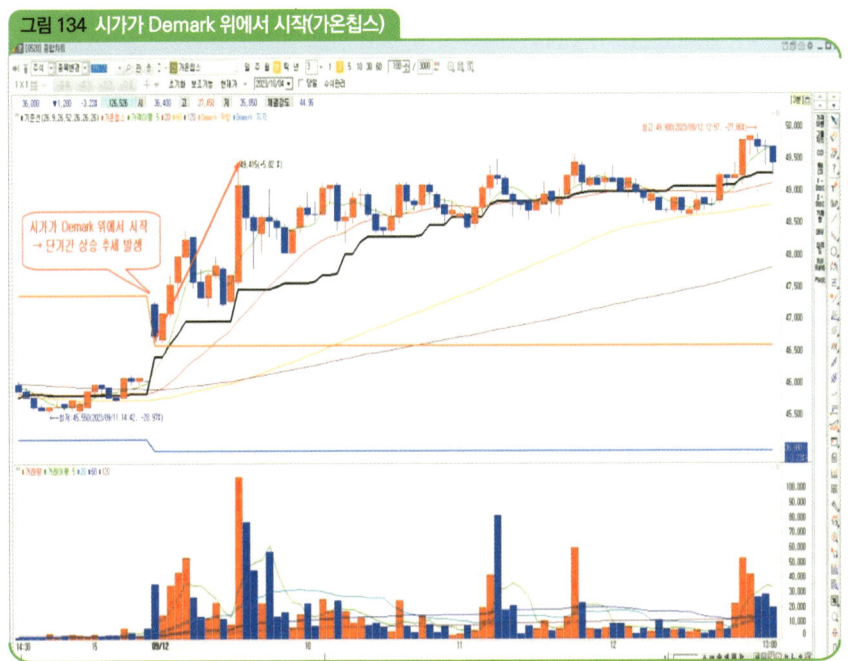

그림 134 시가가 Demark 위에서 시작(가온칩스)

에스피지(058610)

4차산업혁명의 핵심인 로봇에 들어가는 초정밀 감속기의 개발·생산으로 스마트팩토리에 필요한 핵심부품을 공급하는 업체로 소형 기어드 모터의 국내 시장점유율 1위를 차지하고 있다.

기술적 분석

시가가 Demark 갭을 만들며 Demark 저항선 위에서 시작해 단기간에 상승 추세를 발생시켜 +6.28% 상승한 모습

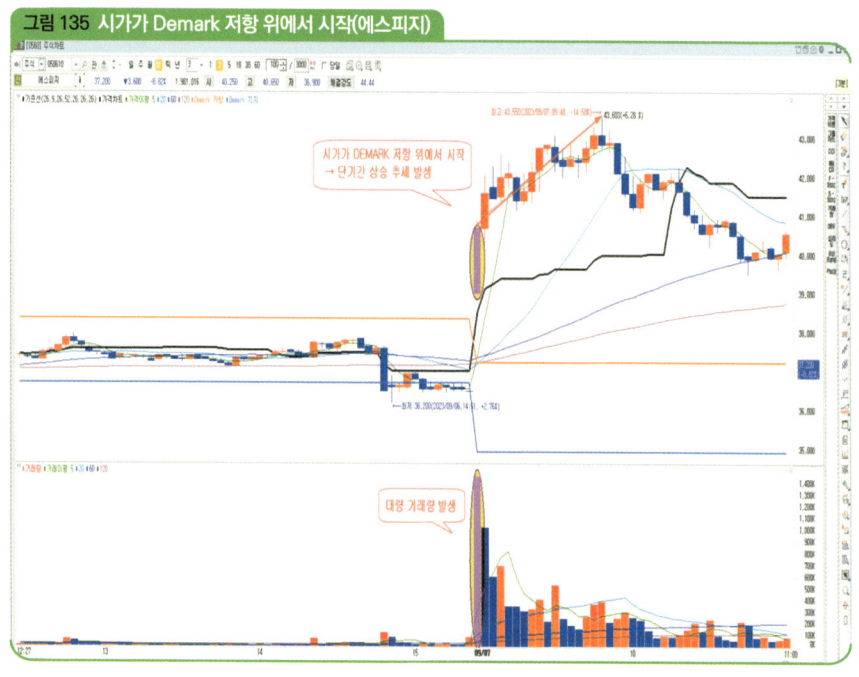

그림 135 시가가 Demark 저항 위에서 시작(에스피지)

🎯 로보로보(215100)

로봇 전문기업으로 교육용 로봇, 로봇용 학습 소프트웨어, 관련 교재 등 교육용 로봇 및 부수 제품의 연구·개발 및 제조·판매를 하며 국내 '방과 후 학교' 교육 서비스 제공(생명과학 및 코딩 분야)을 담당하는 '(주)러닝온'과 관련 위탁서비스업을 영위하는 '(주)씨디에이에듀'를 종속기업으로 보유하고 있다.

기술적 분석

시가가 Demark 갭을 만들며 Demark 저항선 위에서 시작해 단기간에 상승 추세를 발생시켜 +7.67% 상승한 모습

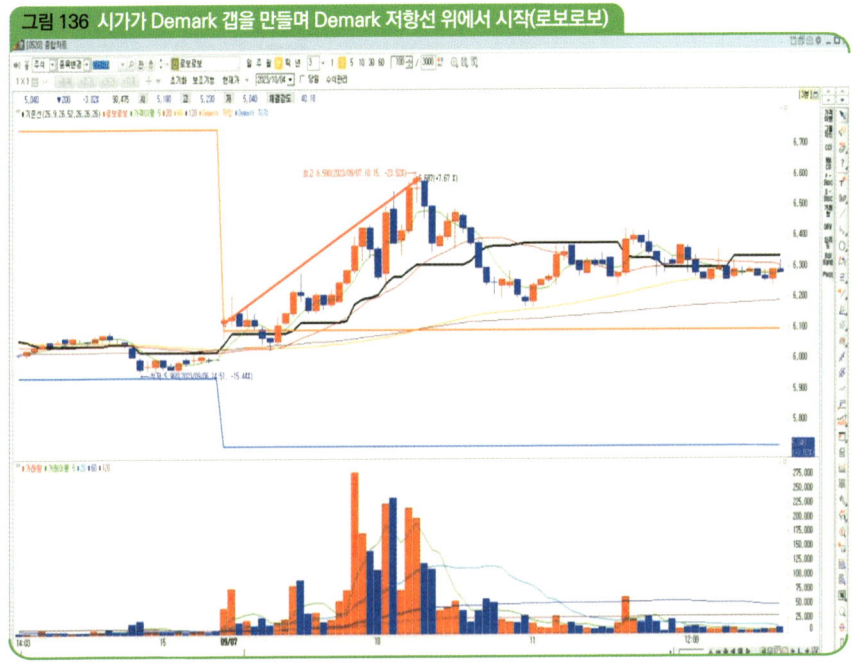

그림 136 시가가 Demark 갭을 만들며 Demark 저항선 위에서 시작(로보로보)

7-6
주식 프로들의 DEMARK 실전 매매 활용법

주식 프로들은 Demark를 당일 매매에서 많이 사용한다. 이것은 앞에서 설명한 주가의 지지와 저항을 명확히 보여주기 때문이다. 주식 프로들은 Demark 지표를 10분봉에서 사용해 당일 주가의 저항과 지지를 재빨리 파악한다. 10분봉을 사용하는 것은 30분봉이나 60분봉과 같이 분봉상 캔들이 만들어지는 시간이 길면 주가의 움직임을 더 세세히 볼 수 없고 매매상의 디테일을 살릴 수 없기 때문이다.

- **주식 프로들의 Demark 실전 매매 노하우**

1. 10분봉에서 Demark 보조지표를 추가한다.
2. 10분봉상 거래량을 동반해 Demark 목표 고가(상한선) 돌파 시 다음 캔들부터 Demark 고가 부근 눌림 자리까지 분할매수한다.

   Demark 목표 고가(상한가)를 돌파했다는 것은 저항을 돌파했다는 의미이며 주가가 저항을 돌파하면 저항이던 자리는 지지선으로 바뀐다. 또한, 저항을 돌파하면 단기적으로 주가의 상승 추세가 나타나므로 저항선인 Demark 목표 고가(상한선) 돌파를 확인한 후 지지선(상한선)

부근까지 분할매수하는 것이다.

3. Demark 목표 고가(상한선) 또는 Demark 목표 고가(상한선)를 돌파하는 캔들의 시가선에서 이탈하면 비중을 축소한다.

캔들이 Demark 목표 고가(상한선)를 돌파하면 이 Demark 상한선은 지지선으로 바뀐다. 그런데 주가가 지지선에서 다시 이탈하면 단기적으로 하락 추세가 나타나고 지지선은 다시 저항선으로 바뀐다. 그리고 돌파 캔들의 시가에서 이탈하면 주가의 힘은 완전히 사라진다. 따라서 이 라인에서 이탈하면 손절이나 대폭적인 비중 축소로 리스크를 관리하는 것이다.

※ 주의사항

★ Demark 목표 고가(상한선)를 돌파하는 캔들의 그다음 캔들부터 분할매수해야 한다.

캔들이 만들어지고 있을 때는 종가에 저항선을 돌파하지 못하는 경우가 있으므로 더 안전한 매매를 위해서는 돌파 캔들을 확인하고 그다음 캔들부터 매매하는 것이 바람직하다.

★ 매수할 종목에 모멘텀, 재료, 이슈가 반드시 존재해야 한다.

주가가 상승하려면 재료, 이슈, 모멘텀이 존재해야 한다. 만약 종목에 재료, 이슈, 모멘텀이 없다면 이 종목을 보유한 수많은 시장 참여자가 불안을 느끼므로 잠시라도 주가가 흔들리면 빨리 매도하고 싶어 하는 심리가 작용한다. 이러한 매도심리가 작용하면 순식간에 주가가 떨어지는 단기 패닉 셀(매도세)이 나타나므로 안전한 매매를 하려면 매수할 종목에 재료, 이슈, 모멘텀이 존재해야 한다.

★ **주가의 큰 갭이 뜬 종목은 매매 대상에서 제외하거나 보수적으로 접근한다.**

주가의 큰 갭이 뜨면 전날 유리한 가격에서 매수한 시장 참여자들은 우선 수익을 챙기고 싶어 하는 심리가 작용한다. 그로 인해 단기적으로 주가의 하락 추세가 작용할 수 있으므로 큰 갭이 뜬 종목은 매매 대상에서 제외하거나 보수적으로 접근하는 것이 바람직하다.

유한양행(000100)

폐암 치료제 및 바이오 관련 업체로 의약품, 화학약품, 공업약품, 수의 약품, 생활용품 등의 제조·판매가 주력사업이다. 주요 제품으로는 코푸시럽, 삐콤씨, 안티푸라민, 마그비, 엘레나, 렉라자정(폐암 치료제), 트윈스타정(혈압강하제), 트라젠타정(혈당강하제), 비리어드정(B형 간염 치료제) 등이 있다.

기술적 분석

10분봉상 Demark 목표 고가(저항선)와 기준선을 돌파한 후 단기간에 +8% 상승한 모습

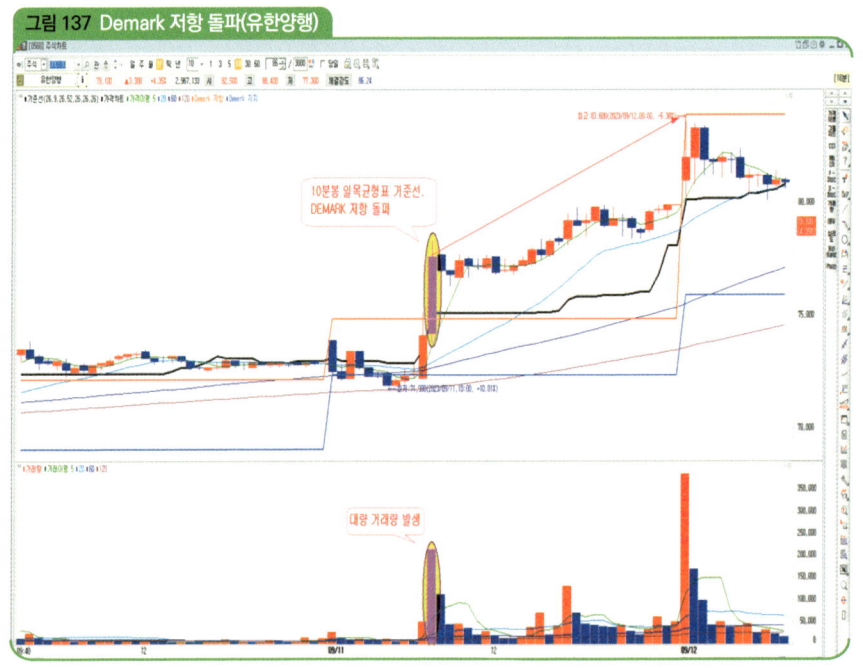

그림 137 Demark 저항 돌파(유한양행)

🌱 모비스(250060)

국가 차원에서 수행되는 대규모 과학 프로젝트인 '빅 사이언스' 시설물 제어에 필요한 제어시스템 및 장비를 공급하고 있다. KFE와 컨소시엄을 통해 560만 유로 규모의 국제핵융합실험로(ITER) 초전도 코일 퀜치 검출용 고전압 신호처리 시스템 설계·제작 사업을 수주한 바 있고 핵융합발전에서 가장 중요한 제어시스템으로 꼽히는 중앙제어시스템(CFS), 인터락시스템(CIS) 프로젝트를 수행했고 토카막의 퀜치 검출용 고전압 신호처리 시스템을 수주한 이력으로 초전도체 및 중입자 관련 기업으로 분류되었다.

기술적 분석

10분봉상 Demark 목표 고가(저항선)와 기준선을 돌파한 후 단기간에 +7.5% 상승한 모습

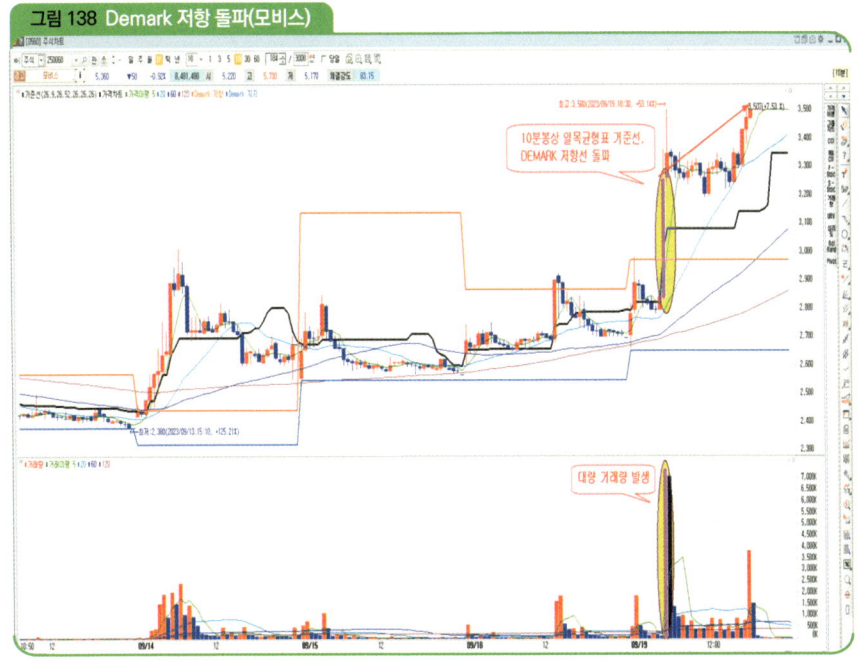

그림 138 Demark 저항 돌파(모비스)

이랜시스(264850)

로봇 및 로봇 청소기 관련 업체로 청소기 감속 모터를 생산해 삼성전자 로봇 청소기 등에 납품하고 있다. 또한, 보안 솔루션 제품의 핵심 구동 모듈 및 청정 가전제품, 생활 가전제품의 핵심부품을 자체적으로 설계·제조·판매하고 있으며 오일댐퍼, 감속 모터 등의 국내 시장점유율 80% 이상을 차지하고 있다.

기술적 분석

10분봉상 Demark 목표 고가(저항선)와 기준선을 돌파한 후 단기간에 +12.51% 상승한 모습

그림 139 Demark 저항 돌파(이랜시스)

대동(000490)

로봇 및 농기계용 로봇 관련 업체로 한국, 미국, 중국, 유럽 등에 농기계를 제조·판매하고 있다. 본사를 포함해 9개 종속기업으로 구성된 농기계 전문기업으로 농업용 기계인 트랙터, 콤바인, 이양기 등을 공급하고 있다. 주물제품 부문은 실린더헤드 및 기타 주물제품, 기타 부문은 유압기기류 등을 공급하고 있으며 농기계가 전체 매출의 90% 이상을 차지한다.

기술적 분석

10분봉상 Demark 목표 고가(저항선)와 기준선을 돌파한 후 단기간에 +9.24% 상승한 모습

에스와이(109610)

모듈러 하우스, 건설 관련 업체로 조립식 샌드위치 패널의 제조·판매가 주력사업인 국내 1위 샌드위치 패널 기업이다. 종속회사인 에스와이빌드는 칼라 강판, 구조용 단열 패널 제조·판매업, 에스와이스틸텍은 데크플레이트 제조·판매업을 영위하고 있다.

기술적 분석

10분봉상 Demark 목표 고가(저항선)와 기준선을 돌파한 후 단기간에 +13.51% 상승한 모습

그림 141 Demark 저항 돌파(에스와이)

KTCS(058850)

IT서비스 및 위성통신 관련 업체로 KT 컨택센터, 오픈마켓 컨택센터, 114 사업, 유통업 등을 주력사업으로 영위하고 있다. 동사의 매출은 KT 고객센터 운영, 컨택센터사업, 114 번호 안내, 우선 번호 안내, KT 상품 위탁판매, 기타 교육사업, 컨설팅사업, 비통신 상품판매 등의 사업 분야에서 발생하고 있다.

기술적 분석

10분봉상 Demark 목표 고가(저항선)와 기준선을 돌파한 후 단기간에 +21.51% 상승한 모습

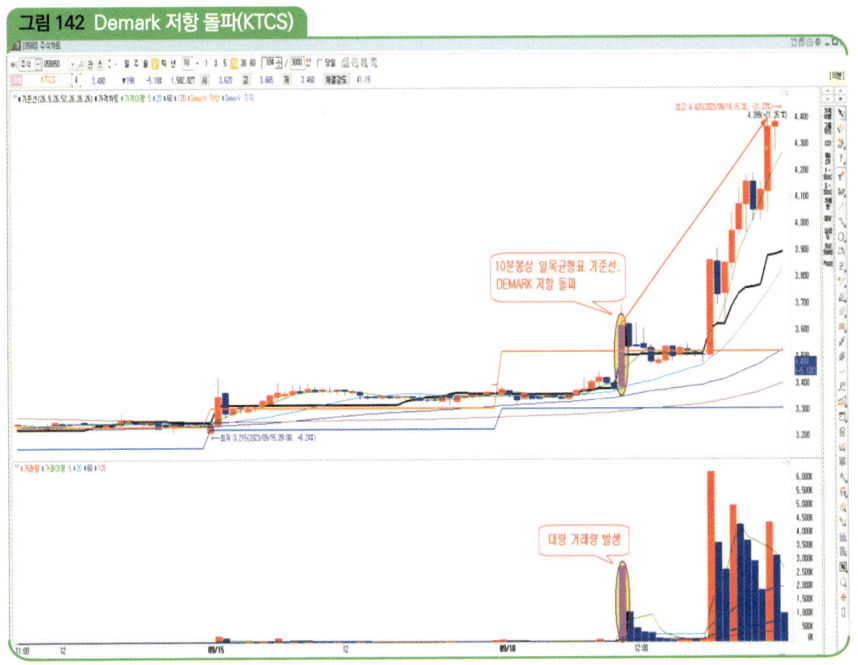

그림 142 Demark 저항 돌파(KTCS)

코난테크놀로지(402030)

빅데이터 분석기술 및 인공지능에 기반한 소프트웨어 개발업체로 AI 관련 다수의 제품·기술을 보유 중이다. 핵심적으로 뉴럴 서치 엔진을 기반으로 AI 모델을 학습·이해해 대용량 기반 AI 데이터를 쉽게 분석하는 기술력을 보유하고 있다.

기술적 분석

10분봉상 Demark 목표 고가(저항선)와 기준선을 돌파한 후 단기간에 +19.81% 상승한 모습

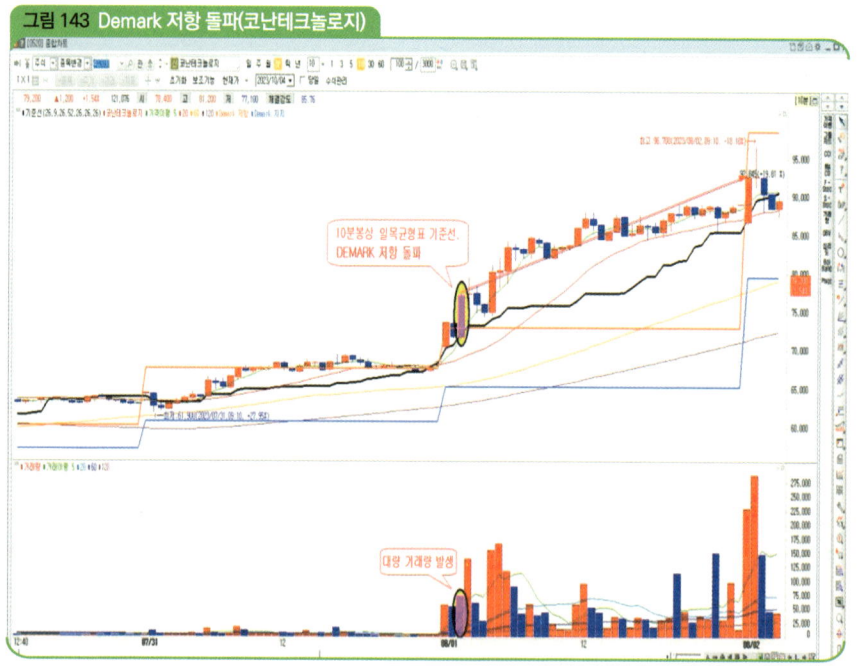

그림 143 Demark 저항 돌파(코난테크놀로지)

제8장

주가를 움직이는 세력(큰손)들의 매집 구간 및 매물대 분석 노하우

8-1
차트 안에는 투자자들의 심리가 들어 있다.

주식투자에서 종목 분석 방법에는 기본적 분석과 기술적 분석이 있다.

'기본적 분석'은 그 기업이 가진 내재가치 즉, 기업의 매출액, 영업이익 등을 분석해 현재의 주가와 비교·분석하는 방법이다. 기본적 분석을 통해 우리는 그 기업이 적자기업인지 아니면 엄청난 성장 가능성이 있는 기업인지 등 기업이 가진 잠재력 등을 파악할 수 있어 주식 투자에서 기본적 분석은 매우 중요하다.

'기술적 분석'은 현재 기업이 시장에서 평가받는 가치를 차트로 분석하는 방법이다. 우리는 기술적 분석을 통해 우리가 투자해야 할 기업의 현재 주가가 비싼 가격대인지 여부를 판단할 수 있고 이것을 통해 주식투자자들의 투자심리를 분석할 수 있다. 이것은 일상에서 사람들이 특정 물건을 살 때 가격표를 확인하는 것과 같다. 사람들은 물건의 가치보다 가격이 높으면 매수하기를 꺼리고 반대로 물건의 가치보다 가격이 낮으면 매수하기를 원한다.

일상에서의 사람들의 이러한 투자심리는 주식시장에서도 작용하며 수많은 시장 참여자들의 주식 매수·매도 심리와 현재 주가의 위치를 하나의 그래프로 만들어 놓은 것이 차트다. 따라서 차트 분석은 투자자들의 투자심리 분석을 통한 정확한 매수·매도 타이밍 분석이므로 주식투자에서 기술적 분석인 차트 분석도 매우 중요한 투자요소 중 하나다.

8-2
주가 매물대의 중요성: 주가의 지지와 저항

앞에서 설명했듯이 주식시장에는 수많은 시장 참여자가 존재한다. 한 종목 안에서도 장기투자자, 중기투자자(스윙 투자자), 단기투자자가 존재한다. 그런데 이같이 다른 스타일의 투자자들이 특정 가격대에서 만나는 구간이 있다.

예를 들어, 1만 원, 2만 원 등 가격이 딱 맞아떨어지는 라운드 피겨(Round Figure) 가격 또는 신고가를 가는 자리, 장기 이동평균선 근처 등과 같이 다양한 사람들의 가격거래가 발생하는 자리에서 매물대가 형성된다. 그리고 이 매물대 안에는 수많은 시장 참여자의 투자심리가 녹아 있다. 매물대 분석은 이 가격대에 있는 시장 참여자들의 투자심리 분석과 같으므로 정확한 매물대 분석은 주식투자에서 매우 중요하다. 이제 주가의 매물대에 대해 알아보자.

★ 주가의 매물대(매물벽)

'주가의 매물대'란 일정 기간 특정 가격대에서 시장 참여자들이 주식을 매수·매도하는 구간을 말한다. 앞에서 설명했듯이 주식시장에는 다양한 매매 스타일의 투자자들이 존재하는데 이들이 공통적으로 매수·매도하는 구간이 나타난다. 이같이 공통적으로 매수·매도하는 구간이 지속적으로 나타나면 마치 하나의 벽처럼 매물대가 형성된다.

매물대의 가장 큰 특징은 주가의 지지와 저항이다. 주가가 매물대 밑에 있으면 위에 있는 매물대는 저항선 역할을 하고 주가가 매물대 위에 있으면 밑에 있는 매물대는 지지선 역할을 하므로 매물대는 주로 주가의 지지선과 저항선 분석에 많이 사용된다.

★ 주가의 지지·저항의 정의

주가 매물대의 가장 큰 특징인 지지·저항은 지난 장에서 설명했는데 이번 장에서 다시 간략히 복습해보자. 우선 주가의 지지는 특정 가격에서 시장 참여자들의 매수심리가 주가에 작용해 지속적인 반등이 나오는 것이다. 이것을 선으로 이은 것이 지지선이고 일정한 구간이 형성되면 그것이 지지 매물대가 된다.

반대로 주가의 저항은 일정 가격에서 사람들의 매도심리가 주가에 작용해 지속적인 하락이 나오는 것이다. 이것을 선으로 이은 것이 저항선이고 일정한 구간이 형성되면 그것이 저항 매물대가 된다.

8-3
매물대의 종류

    기본적으로 매물대는 선 또는 박스(구간)로 구성된다. 먼저 선 매물대는 선으로 존재하는 매물대로 선 매물대의 종류로는 장기이동평균선, 볼린저 밴드, Demark 등이 있다. 그다음으로 박스 매물대는 주가가 특정 가격 범위 안에서 고점과 저점을 지속적으로 형성해 만들어낸 박스다. 박스 매물대의 종류로는 매물대 차트 등이 있다.

8-4
주식 프로들이 체크하는 매물대의 종류(선)

앞에서 설명한 매물대 중에서 선 매물대는 매물대가 선으로 존재하는 것으로 주가가 이 구간 부근에 있으면 저항과 지지를 받는 특징이 있다. 선 매물대의 종류로는 장기이동평균선, 볼린저밴드, Demark 저항선과 지지선 등이 있다.

'이동평균선'은 일정 기간 주가 움직임의 평균을 선으로 나타낸 지표라고 앞에서 설명했다. 주가의 움직임은 수많은 시장 참여자의 매수·매도로 이루어지므로 다른 말로 이동평균선은 시장 참여자들의 매수·매도 평균이라고 할 수 있다. 따라서 장기이동평균선은 장기간 시장 참여자들의 매수·매도 평균이므로 강력한 매물대가 된다. 그래서 주식 프로들은 선으로 이루어진 매물대를 볼 때 장기이동평균선인 120일선, 220일선, 440일선을 선 매물대로서 판단한다.

그다음으로 볼린저밴드는 주가가 다니는 길이다. 볼린저밴드의 특징 중 하나는 볼린저밴드 안에 주가가 들어올 확률이 95%나 된다는 것이다. 따라서 볼린저밴드의 상한선과 하한선을 돌파하는 경우는 5%에 불과해 이것도 강력한 선 매물대가 된다.

마지막으로 Demark는 전날 가격으로 당일 목표 저가, 목표 고가를 선으로 만든 것이다. 이것도 강력한 지지·저항 역할을 하는 특징이 있어 선 매물대에 속한다.

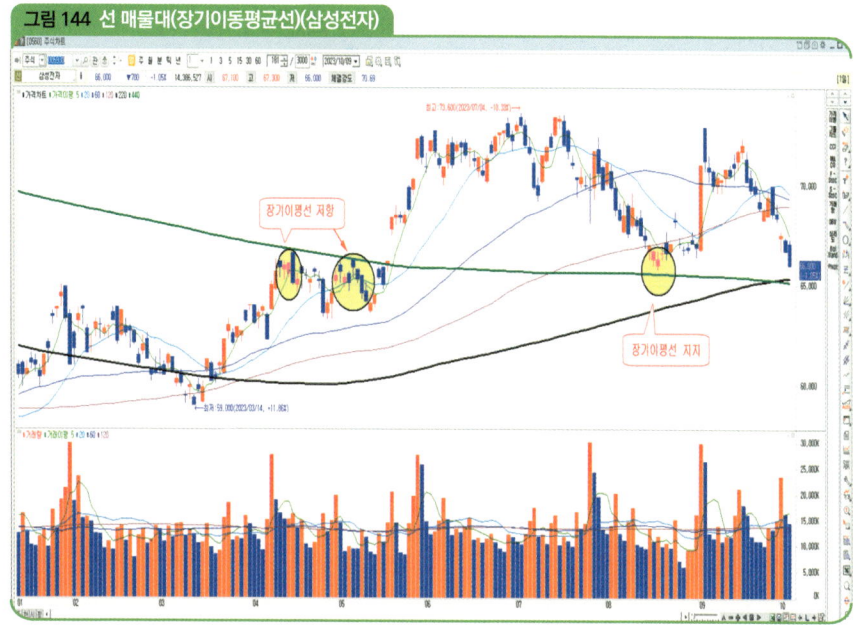

그림 144 선 매물대(장기이동평균선)(삼성전자)

> 기술적 분석

장기이동평균선(선 매물대)인 440일선에서 지지와 저항을 받는 모습이다.

그림 145 선 매물대(볼린저밴드)(SK하이닉스)

기술적 분석

볼린저밴드(선 매물대) 하단선에서 지지를 받고 상단선에서 저항을 받는 모습이다.

그림 146 선 매물대(Demark)(호텔신라)

기술적 분석

Demark(선 매물대) 지지선(하한선)에서 지지하고 저항선(상한선)에서 저항을 받는 모습이다.

★ 매물대의 종류(기본 및 박스)

이제 박스 매물대에 대해 알아보자. '박스 매물대'는 주가가 특정 가격대 안에서 고점과 저점이 막힌 상태를 지속적으로 보여주는 것을 말한다. 박스 매물대의 상단은 저항 역할을 하고 박스 매물대의 하단은 지지 역할을 하는데 이것은 주가가 횡보할 때 주로 나타난다.

박스 매물대가 형성되는 이유는 앞에서도 설명했듯이 시장 참여자들의 투자심리가 녹아들어 있기 때문이다. 수많은 시장 참여자들은 차트에서 과거의 주가 패턴을 확인할 수 있는데 주가가 특정 가격 구간에서 지속적인 저항을 받고 떨어지면 이 가격대 부근에는 매도심리가 작용한다.

반대로 특정 가격 구간에서 주가가 지속적인 지지를 받고 반등하면 이 가격대 부근에서는 매수심리가 작용하고 이러한 박스 매물대가 만들어지는 것이다. 박스 매물대는 기간이 길어질수록 강력한 힘을 가지며 이것을 돌파하면 강한 힘을 뚫고 이긴 것으로 시세 초입이 되는 경우가 많다. 박스 매물대는 보통 주가가 지속적으로 만들어낸 고점과 저점을 이어 만들어진다. 이같이 일정 가격 구간 안에서 주가가 고점과 저점을 지속적으로 형성하면서 하나의 박스 모양과 같은 지지와 저항을 받는 것이 '박스 매물대'다.

그림 147 박스 매물대(한미글로벌)

기술적 분석

주가가 특정 구간에서 여러 번 지지와 저항을 만들면서 하나의 박스를 만들어 박스권 상단에서 저항을 받고 박스권 하단에서 지지를 받는 모습이다.

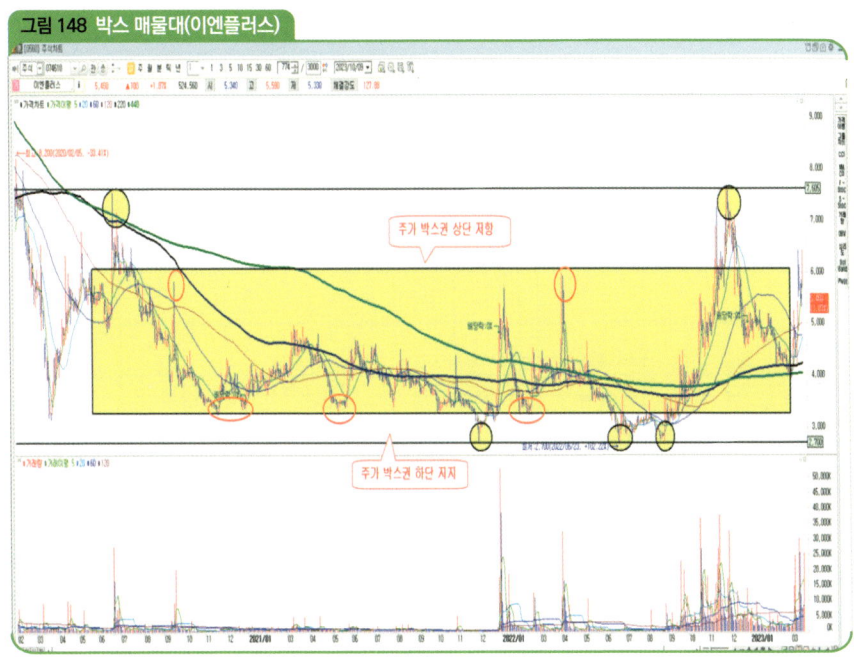

그림 148 박스 매물대(이엔플러스)

기술적 분석

주가가 특정 구간에서 여러 번 지지와 저항을 만들면서 하나의 박스를 만들어 박스권 상단에서 저항을 받고 박스권 하단에서 지지를 받는 모습이다.

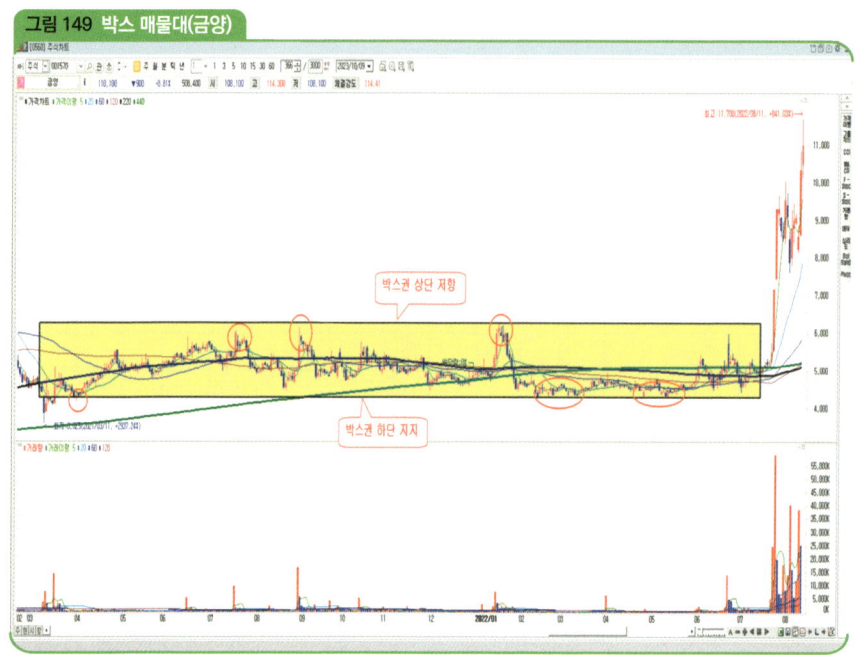

그림 149 박스 매물대(금양)

> 기술적 분석

주가가 특정 구간에서 여러 번 지지와 저항을 만들면서 하나의 박스를 만들어 박스권 상단에서 저항을 받고 박스권 하단에서 지지를 받는 모습이다.

★ 주식 프로들이 활용하는 매물대 분석법

주식 프로들은 기본적인 매물대 분석뿐만 아니라 이것을 응용해 매물대를 더 정밀분석한다. 기본적인 매물대 분석을 응용한 것이 바로 캔들 매물대다. 매물대는 캔들 안에도 존재한다. 주식 프로들은 이러한 캔들 속 매물대를 이용해 더 세밀하고 정밀하게 주식 트레이딩 매매를 한다.

★ 캔들 매물대의 종류

캔들 매물대는 '양봉 캔들 매물대'와 '음봉 캔들 매물대'로 나뉜다. 두 캔들이 가진 의미가 서로 달라 나뉘는 것이다. 먼저 양봉 캔들은 매수세를 의미한다. 그래서 많은 시장 참여자들은 양봉이 등장하면 상승 기대감을 가진다. 반대로 음봉 캔들은 매도세를 의미하므로 시장 참여자들은 음봉 캔들이 등장하면 주가 하락에 대비해 재빨리 탈출을 시도한다.

이같이 캔들에 따른 시장 참여자들의 투자심리가 달라 캔들의 매물대도 달라지는 것이다. 다만, 두 매물대는 공통적으로 거래량이 많아야 한다는 조건이 있다. 대량 거래량을 만든다는 것은 많은 시장 참여자들이 그 종목에 투자하고 있다는 의미다. 따라서 거래량이 많으면 많을수록 그 종목의 캔들 매물은 강력한 힘을 갖게 된다. 이처럼 캔들 매물대를 잘 알면 기본적인 매물대 분석 매매보다 더 세세한 트레이딩 매매를 할 수 있게 된다. 이제 캔들 매물대에 대해 알아보자.

★ 양봉 캔들 매물대

양봉에서의 캔들 매물대는 양봉 윗꼬리의 중간이 된다. 양봉은 매수세를 의미하고 윗꼬리는 매수세가 이기지 못한 매도세를 의미한다. 그래서 윗꼬리 양봉은 매수세가 이기다가 마지막에 매도세에게 밀린 캔들로 해석된다. 양봉의 윗꼬리 구간에는 상승 기대감으로 거래한 사람들이 많이 몰려 있다. 윗꼬리가 만들어지기 전에 이 캔들은 꼬리가 없는 장대 양봉의 모습이었기 때문이다. 따라서 윗꼬리 안에서 거래한 사람들의 평균값인 윗꼬리의 중간값이 양봉 캔들의 매물대가 된다.

양봉 캔들 매물대의 조건은 앞에서도 설명했듯이 거래량이 많아야 한다. 거래량은 시장 참여자들이 거래한 양을 의미하므로 거래량이 많으면 많을수록 많은 시장 참여자들이 그 주식 종목을 많이 거래했다는 뜻이기 때문이다. 따라서 거래량이 많은 윗꼬리 양봉일수록 매물대의 힘은 더 강해진다.

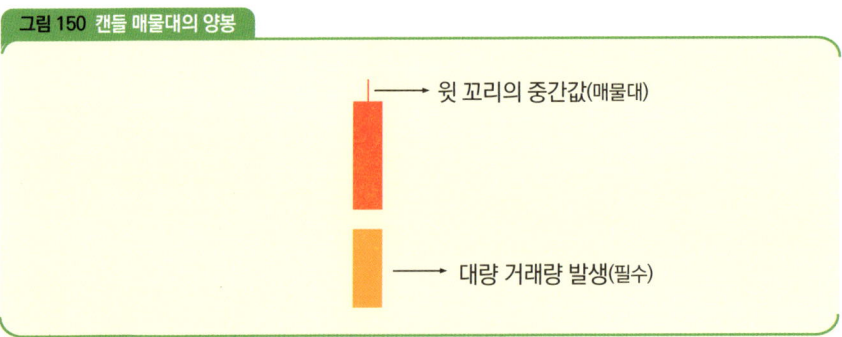

그림 150 캔들 매물대의 양봉

기술적 분석

양봉의 경우, 캔들 윗꼬리의 중간값이 매물대다. 이때 대량 거래량은 필수이고 거래량이 많으면 많을수록 매물대의 세기도 더 강해진다.

폴라리스오피스(041020)

AI 오피스 플랫폼 '폴라리스 오피스 AI'를 출시한 오피스 소프트웨어(SW) 전문기업으로 모바일 백신 솔루션(V-Guard), Atlassian 솔루션, 모바일 게임 사업 부문을 영위하고 있다.

기술적 분석

주가가 대량 거래량을 동반한 양봉 윗꼬리의 중간값(매물대)에서 저항을 받고 하락하는 모습이다.

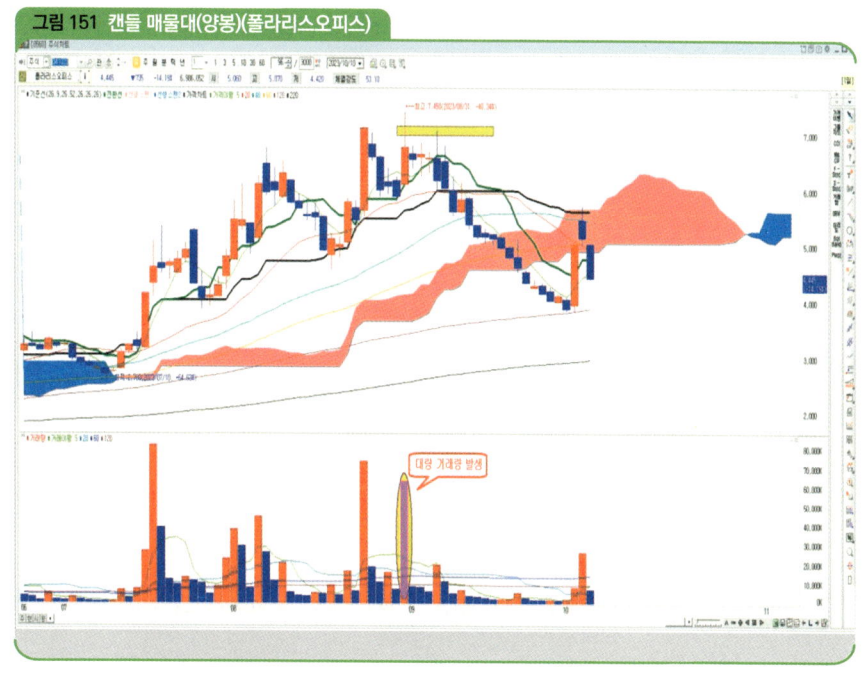

그림 151 캔들 매물대(양봉)(폴라리스오피스)

3S(060310)

반도체 및 반도체 웨이퍼 관련 업체로 반도체 웨이퍼캐리어 사업과 환경장치사업을 주요 사업으로 영위하고 있다. 공정 내에서 사용되는 O/C(잉곳에서 자른 웨이퍼를 운송하는 용기로 국내에서 유일하게 3S만 제작), 이동 시 사용되는 박스 FOSB(클린 진공 박스, 플라스틱 케이스로 3S의 주력 생산품), 반도체 생산업체 공정 내에서 사용되는 박스 FOUP(반도체 제조사 공정 내에서 사용되는 공정간 이송 용기)를 생산하고 있다.

> 기술적 분석

주가가 대량 거래량을 동반한 양봉 윗꼬리의 중간값(매물대)에서 저항을 받고 하락하는 모습이다.

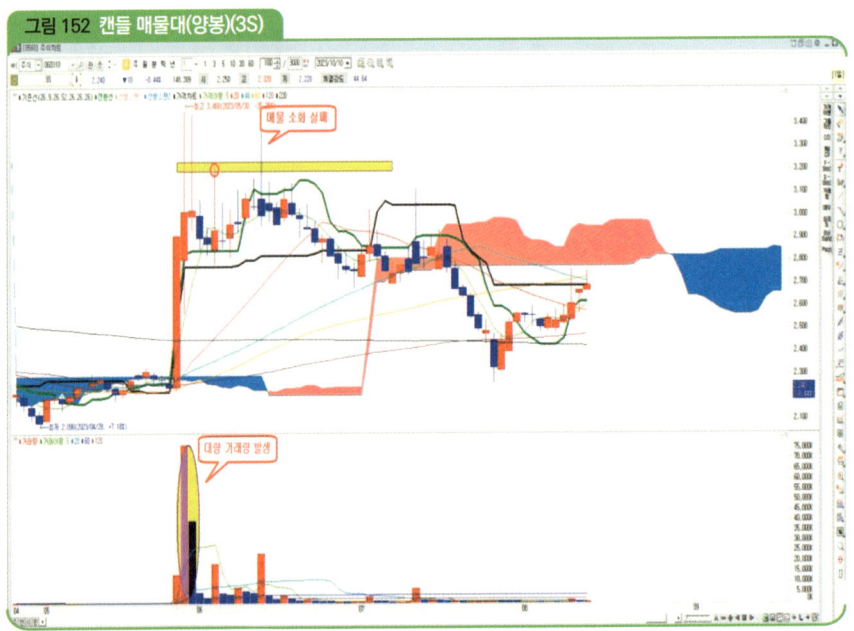

그림 152 캔들 매물대(양봉)(3S)

셀바스헬스케어(208370)

원격의료 및 의료용 AI 관련 업체로 의료진단기기 및 시각보조 공학기 제품을 개발·판매하고 있다. 체성분 분석기와 전자동 혈압계 등 의료진단기기 사업 부문인 '아큐닉(ACCUNIQ)'과 점자 정보 단말기, 전자독서 확대기 등 시각장애인 보조공학기기 사업 부문인 '힘스(HIMS)'로 구성되어 있으며 이중 힘스 사업 부문의 시각장애인 보조공학기기의 국내 시장점유율은 99% 이상을 차지하고 있다.

기술적 분석

주가가 대량 거래량을 동반한 양봉 윗꼬리의 중간값(매물대)에서 저항을 받고 하락하는 모습이다.

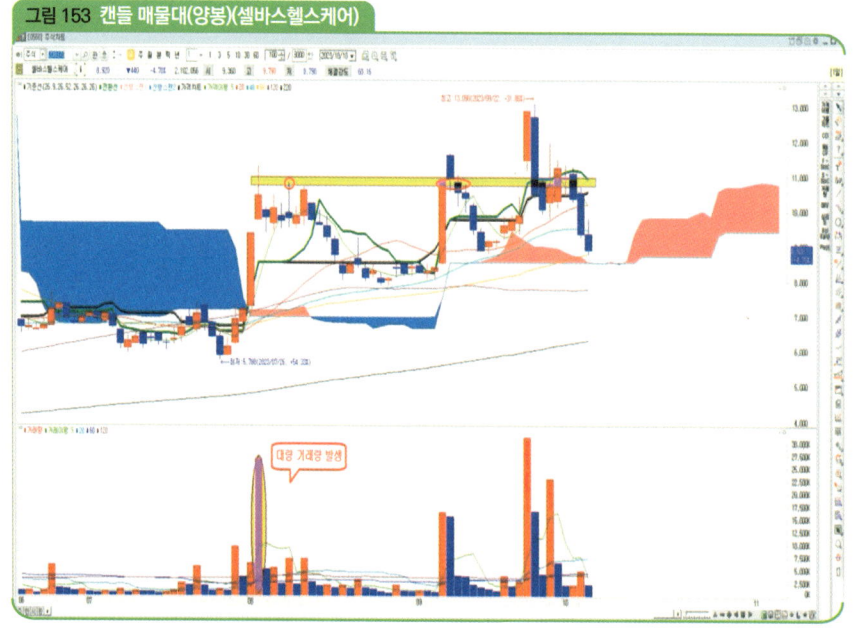

그림 153 캔들 매물대(양봉)(셀바스헬스케어)

★ 캔들 매물대의 종류(음봉)

'음봉에서의 캔들 매물대'는 음봉 캔들의 고점과 저점의 중간값이 된다. 음봉 캔들은 양봉 캔들과 달리 매도세가 매수세를 이겨 만들어진 캔들이다. 따라서 음봉 캔들을 맞이하면 많은 투자자가 최대한 빨리 탈출하려는 심리가 작용한다. 또한, 음봉 캔들 낙폭과대 트레이딩 매매자들도 이러한 심리를 알기 때문에 음봉 캔들의 중간 가격대에서 매도하려는 심리가 작용한다.

따라서 음봉 캔들의 경우, 음봉 캔들 몸통의 중간가격이 매물대가 된다. 그리고 음봉 캔들의 매물대도 양봉 캔들의 매물대와 마찬가지로 거래량이 많아야 한다. 대량 거래량은 시장 참여자들이 그 종목을 많이 거래했음을 의미하기 때문이다. 따라서 거래량이 많은 음봉 캔들일수록 음봉 캔들 매물대의 힘은 더 강해진다.

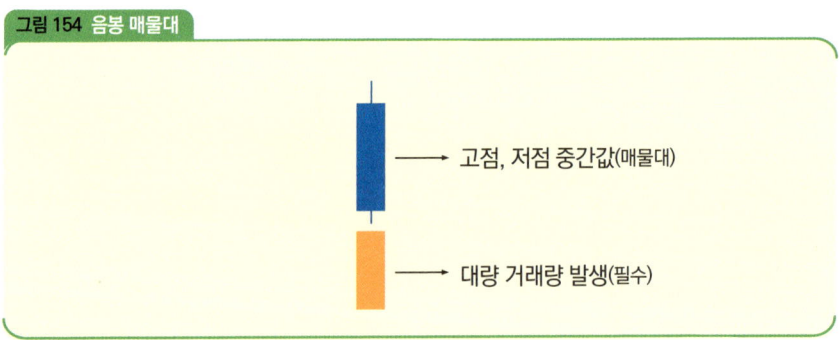

그림 154 음봉 매물대

기술적 분석

음봉의 경우, 캔들 전체의 중간값(고점과 저점의 중간값)이 매물대다. 이때 대량 거래량은 필수이며 거래량이 많으면 많을수록 매물대의 세기는 더 강해진다.

마녀공장(439090)

중국 소비재(화장품) 관련 업체로 글로벌 클린 뷰티 전문기업으로 천연 유래 성분의 자연주의 기능성 스킨케어 제품과 클렌징, 기능성 화장품 등 자체 브랜드 제품뿐만 아니라 OEM·ODM을 통해 다양한 제품을 런칭·판매하고 있으며 '메디힐' 브랜드로 유명한 '엘앤피코스메틱'의 종속회사(엘앤피코스메틱의 지분 76.25% 보유)다.

기술적 분석

주가가 대량 거래량을 동반한 윗꼬리 음봉 캔들의 윗꼬리 중간값(고점과 저점의 중간값, 매물대)에서 저항을 받고 하락하는 모습이다.

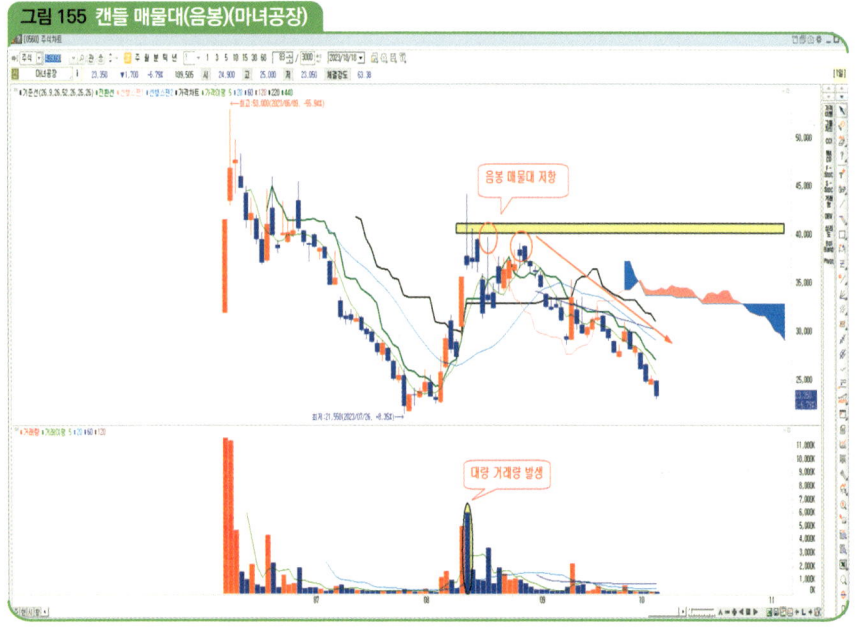

그림 155 캔들 매물대(음봉)(마녀공장)

알테오젠(196170)

　바이오 헬스케어 관련 업체로 항체 약물융합(ADC) 기술 등을 활용한 기존 바이오 약품을 개선하는 바이오 베터 사업과 이머징 마켓을 타겟으로 아일리아, 허셉틴 등 바이오시밀러 개발사업을 영위 중이며 ADC 기술(NexMabTM), 바이오 의약품의 반감기를 증가시키는 NexPTM 융합기술, 정맥주사를 피하주사 제형으로 변경시키는 Hybrozyme 기술, 관절염, 피부재생 등 다양한 의료분야에서 활용되는 인간 히알루로니다아제(ALT-B4)와 이것을 이용한 히알루론산 제형 변경기술인 하이브로자임을 보유하고 있다.

기술적 분석

주가가 대량 거래량을 동반한 장대 음봉의 중간값(고점과 저점의 중간값, 매물대)에서 저항을 받고 하락하는 모습이다.

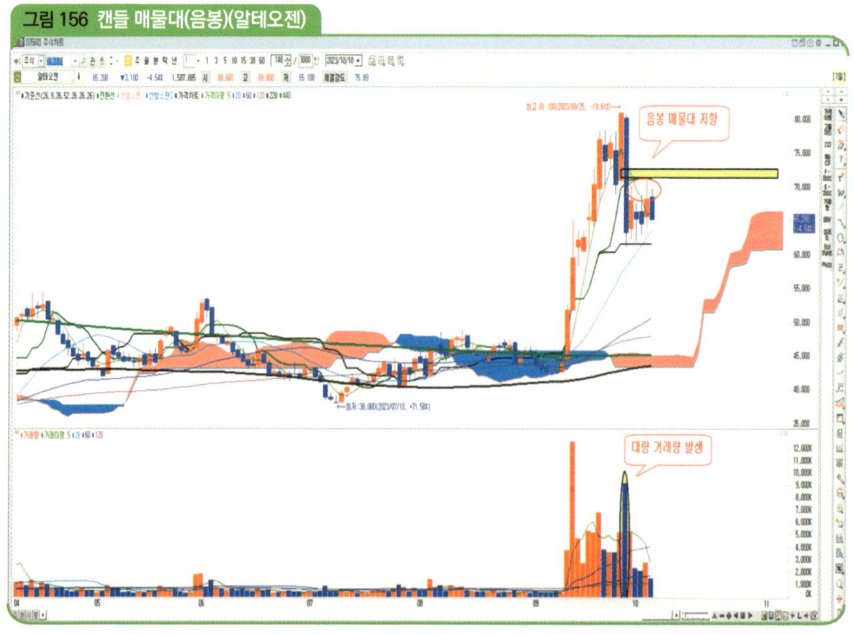

그림 156 캔들 매물대(음봉)(알테오젠)

🎯 NAVER(035420)

포털사이트 및 AI 관련 업체로 국내 1위 포털 서비스를 기반으로 광고, 쇼핑, 디지털 간편결제 사업을 영위 중이다. 네이버 파이낸셜, 네이버 웹툰, 스노우, 네이버 제트 등을 연결대상 종속회사로 보유 중이며 인공지능(AI) 부문에 막대한 투자를 이어가고 있으며 하이퍼 클로바 X를 출시했다.

기술적 분석

주가가 대량 거래량을 동반한 음봉 캔들의 중간값(고점과 저점의 중간값, 매물대)에서 저항을 받고 하락하는 모습이다.

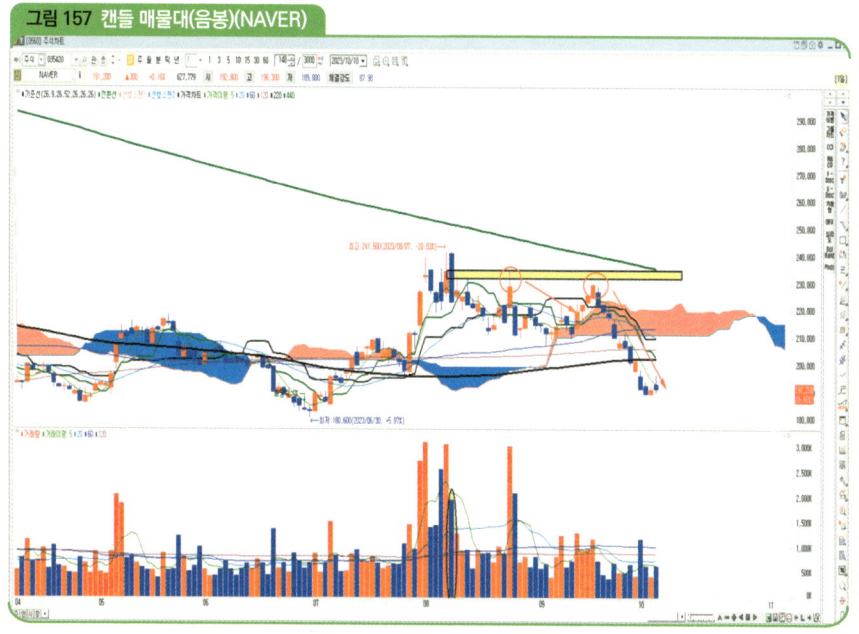

그림 157 캔들 매물대(음봉)(NAVER)

★ 주식 프로들의 매물대 매매법 노하우

주식 프로들은 매매할 종목이 어디까지 올라갈 수 있는지, 위치가 위험한 자리인지 여부를 반드시 체크한 후 매매한다. 이때 사용하는 방법이 바로 종목의 매물대 분석이다. 주식 프로들이 매매할 때 가장 많이 사용하는 매물대 분석 패턴은 '주가의 매물대 돌파 패턴'이다. 즉, 종목에 진입하기 전 종목이 매물대를 돌파했는지부터 판단하는 것이다. 앞에서도 설명했듯이 매물대는 견고하고 강력한 벽과 같아 매물대 상단에서는 강력한 저항이 나타나고 매물대 하단에서는 강력한 지지가 나온다. 그러므로 매물대를 돌파하려면 강력한 힘이 필요하며 주식 프로들은 강력한 힘이 나오는지부터 확인한 후 매매에 돌입한다.

8-5 주식 프로들의 매물대 매매법 조건

1. 매물대를 돌파한 주인공 캔들이 등장해야 한다.

   매물대를 돌파하려면 강력한 힘이 필요하다. 주인공 캔들의 등장은 대량거래를 동반한 장대 양봉을 의미하며 이것은 강력한 힘의 등장과 같다. 따라서 강력한 벽인 매물대를 돌파하려면 매물대를 돌파한 주인공 캔들(대량 거래량을 동반한 장대 양봉)이 등장해야 한다.

2. 종목에 모멘텀, 이슈, 뉴스가 존재해야 한다.

   종목의 상승 힘이 지속적으로 유지되기 위해서는 기대감이 존재해야 한다. 이러한 기대감은 종목의 모멘텀, 이슈, 뉴스 등이 만들기 때문에 종목에 모멘텀, 이슈, 뉴스 등이 반드시 존재해야 한다.

3. 주인공 캔들의 거래량이 많아야 한다.

   거래량은 캔들의 신뢰도와 같다. 거래량이 많으면 많을수록 많은 시장 참여자와 많은 거래대금이 발생한다고 볼 수 있다. 따라서 강력한 힘의 등장인 '주인공 캔들'이 만들어지면서 종목의 신뢰도가 높아지기 위해서는 장대 양봉 캔들이 만들어질 때 대량 거래량이 반드시 동반되어야 한다.

8-6
주식 프로들의 주인공 캔들 매매법 노하우

1. 주인공 캔들 종가에 1차 매수한다.

    주인공 캔들(강력한 힘)의 등장이 확실해지는 종가에 1차 매수한다.

2. 주인공 캔들의 ¼ 지점에서 2차 매수한다.

    주인공 캔들의 등장 이후 캔들이 눌림을 줄 때 2번째 중요한 자리인 캔들의 ¼ 지점에서 2차 매수한다.

3. 주인공 캔들의 중간 지점(½)에서 3차 매수한다.

    주인공 캔들의 등장 이후 캔들이 눌림을 줄 때 3번째 중요한 자리인 캔들의 중간선에서 3차 매수한다.

4. 주인공 캔들(대량 거래량을 동반한 장대 양봉)의 시가 또는 저가 이탈 시 비중을 축소하거나 손절한다.

    주인공 캔들의 시가 또는 저가에서 이탈하면 그 종목의 상승 힘이 완전히 사라진다. 따라서 종목이 힘을 잃고 추가적인 하락이 나오기 전에 그 종목의 비중을 축소하거나 손절로 리스크를 관리한다.

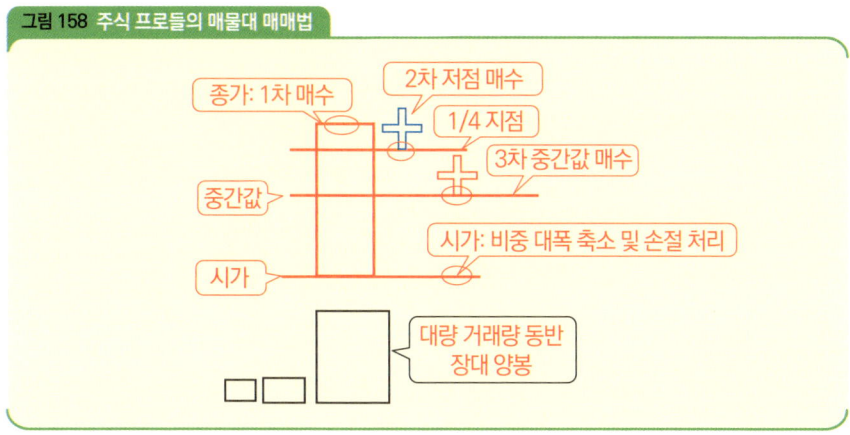

그림 158 주식 프로들의 매물대 매매법

★ 매물대를 돌파한 주인공 캔들이 등장하면 주인공 캔들의 종가에서 1차 매수, ¼ 지점에서 2차 매수, 캔들의 중간선(½)에서 3차 매수한다. 주인공 캔들의 시가 또는 저가에서 이탈하면 그 종목을 매수한 비중을 대폭 축소하거나 손절로 리스크를 관리한다.

※ 주의사항

1. 분할매수는 필수다.

이 매매법은 종목을 매수할 때 3차까지 분할매수할 수 있으므로 이것을 위해서는 한 번에 비중을 베팅하는 것이 아니라 반드시 분할매수를 해야 한다.

2. 3차 매수까지 안 오고 종목이 바로 상승할 때는 반드시 수익실현한다.

2차 매수까지 되더라도 종목의 비중이 늘어나게 된다. 종목의 비중이 늘어나고 상승했을 때는 자신이 목표로 정한 수익보다 조금 적더라도 수익실현으로 리스크를 반드시 관리해야 한다.

3. 현재 종목의 재료가 시장에서 주목받고 있는지 반드시 체크한다.

종목이 상승하려면 종목에 재료가 있어야 한다. 그런데 그 종목이 시장에서 주목하는 재료(테마·이슈 등)가 아니라면 종목의 상승 기대감은 급격히 떨어지게 된다. 따라서 종목의 상승 힘이 유지되려면 시장의 주목을 받는 재료를 가지고 있어야 한다.

4. 너무 큰 상승 갭이 나온 종목은 보수적으로 접근한다.

너무 큰 상승 갭이 나오면 상승 갭으로 수익이 난 투자자들의 수익실현 욕구로 종목의 하락이 나올 가능성이 크다. 따라서 너무 큰 상승 갭이 나온 종목은 보수적으로 접근해야 한다.

레인보우로보틱스(277810)

이족보행 로봇 플랫폼 업체로 국내 최초로 인간형 이족보행 로봇(HUBO)을 개발했다. 협동 로봇뿐만 아니라 모바일 매니퓰레이터, 의료용 로봇, 2족 보행 로봇, 4족 보행 로봇 등 다양한 로봇 플랫폼을 보유하고 있다.

기술적 분석

매물대를 돌파한 주인공 캔들의 등장 이후 단기간 +280% 급등한 모습

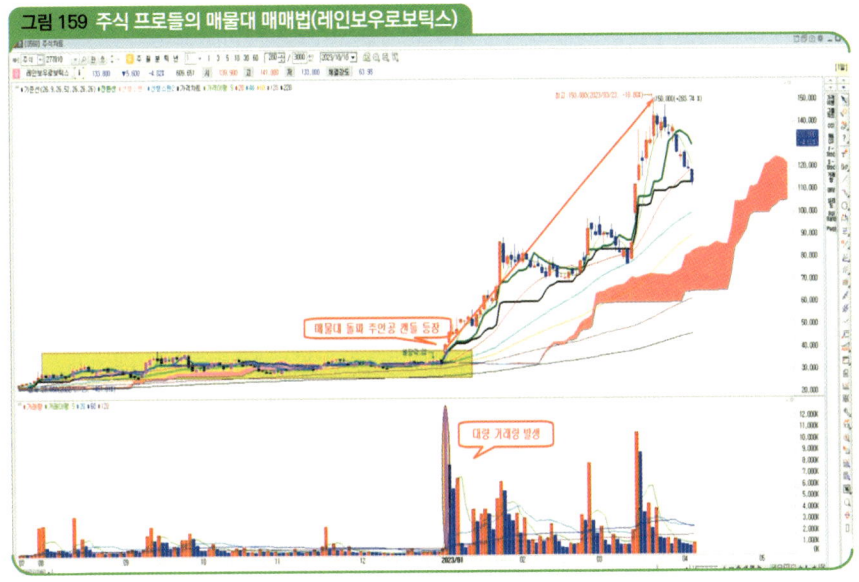

그림 159 주식 프로들의 매물대 매매법(레인보우로보틱스)

하이드로리튬(101670)

영구앵커, 타이케이블, 케이슨들 고리, 교량용 케이블 등 교량·철도·해운·항만 등 SOC 건설에 필수적인 토목용 자재의 설계·생산·시공이 주력사업이다. 2022년 10월 13일 리튬플러스(리튬 관련 특허기술을 100건 이상 발명하고 출원·등록한 세계적인 리튬 과학자 전웅 박사가 이끌고 있음)에 인수되면서 리튬 관련 기업으로 분류되었다.

기술적 분석

매물대를 돌파한 주인공 캔들의 등장 이후 단기간 +900% 급등한 모습

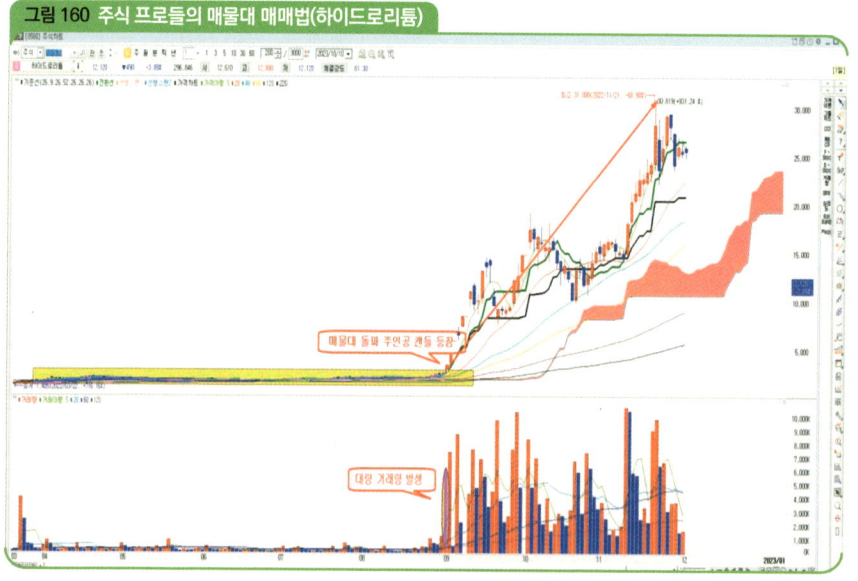

그림 160 주식 프로들의 매물대 매매법(하이드로리튬)

유한양행(000100)

폐암 치료제 및 바이오 관련 업체로 의약품, 화학약품, 공업약품, 수의약품, 생활용품 등의 제조·판매가 주력사업이다. 주요 제품으로는 코푸시럽, 삐콤씨, 안티푸라민, 마그비, 엘레나, 렉라자정(폐암 치료제), 트윈스타정(혈압강하제), 트라젠타정(혈당강하제), 비리어드정(B형 간염 치료제) 등이 있다.

기술적 분석

매물대를 돌파한 주인공 캔들의 등장 이후 단기간 +18% 급등한 모습

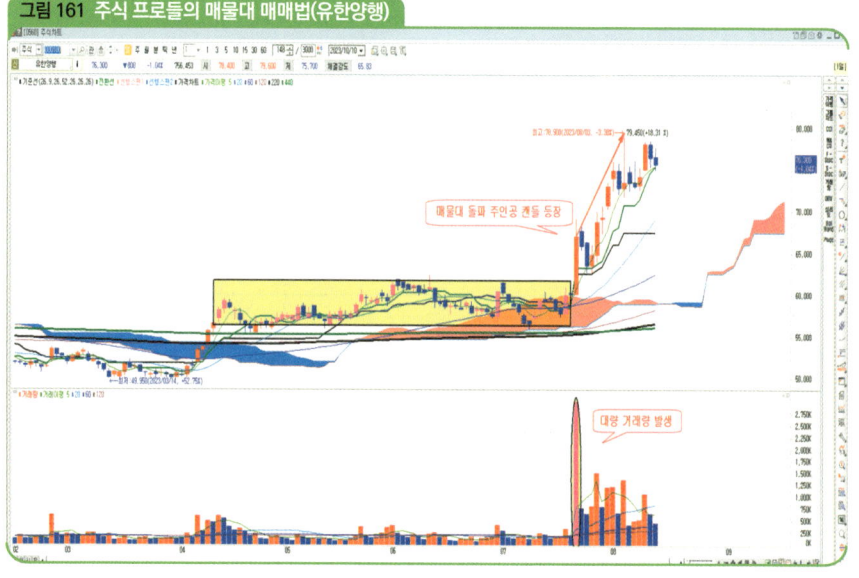

그림 161 주식 프로들의 매물대 매매법(유한양행)

디알텍(214680)

　디지털 진단 영상 솔루션, 의료용 AI, 지뢰 관련 업체이자 직접 방식과 간접 방식 디텍터를 모두 개발·제조·판매하는 디지털 진단 영상 솔루션 전문기업이다. 해외 매출 비중이 약 80%나 되는 글로벌 기업으로 세계 최초로 디지털 맘모 업그레이드 솔루션 '로즈엠'을 출시해 시장 영향력을 확대 중이고 직접 방식 디텍터 위주로 사업을 진행하며 미국 동물용 시장에서 1위를 유지하고 있다.

기술적 분석

매물대를 돌파한 주인공 캔들의 등장 이후 단기간 +46% 급등한 모습

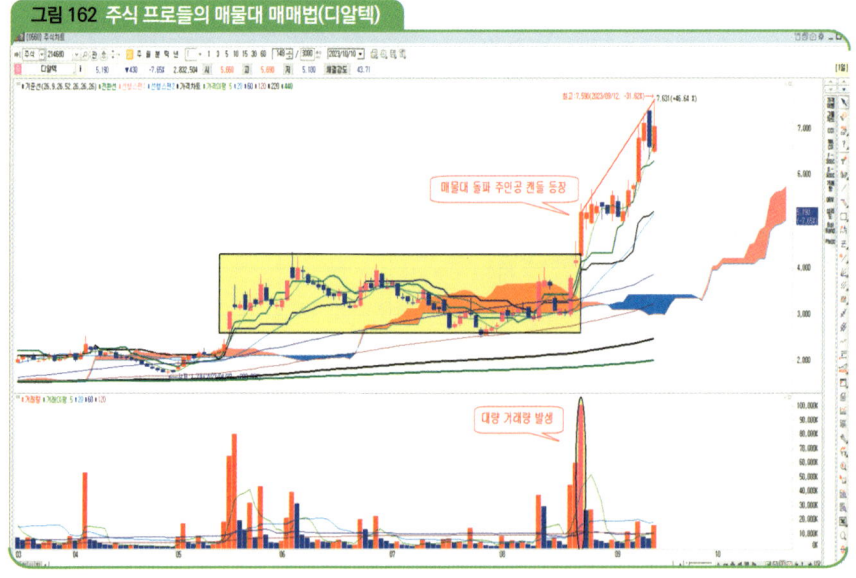

그림 162 주식 프로들의 매물대 매매법(디알텍)

대동(000490)

로봇 및 농기계용 로봇 관련 업체로 한국, 미국, 중국, 유럽 등에 농기계를 제조·판매하고 있다. 본사를 포함해 9개 종속회사로 구성된 농기계 전문 기업으로 농업용 기계인 트랙터, 콤바인, 이양기 등을 공급하고 있다. 주물 제품 부문은 실린더헤드 및 기타 주물제품, 기타 부문은 유압기기류 등을 공급하고 있으며 농기계가 전체 매출의 90% 이상을 차지하고 있다.

기술적 분석

매물대를 돌파한 주인공 캔들의 등장 이후 단기간 +46% 급등한 모습

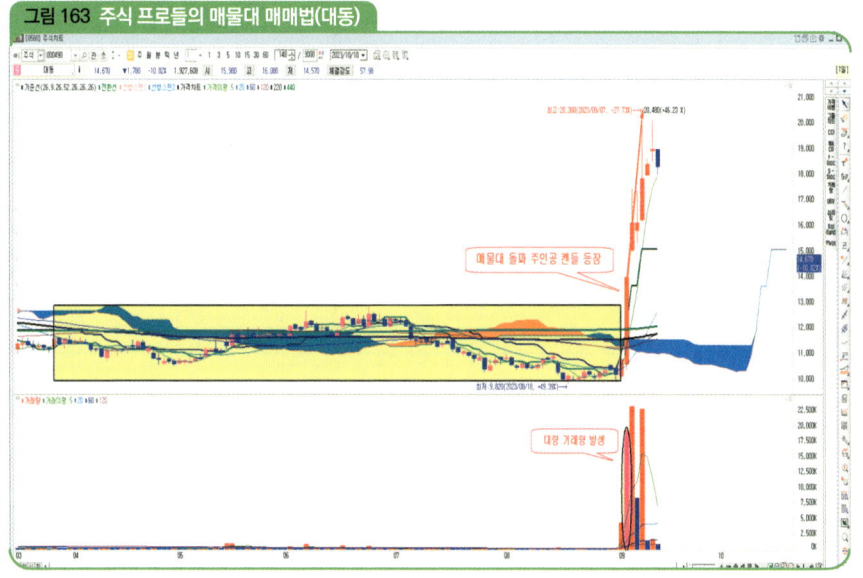

그림 163 주식 프로들의 매물대 매매법(대동)

에필로그

* 독자들에게 당부하는 진심어린 조언

한국경제TV와 와우넷 유튜브 등에 꾸준히 출연하면서 책을 쓴다는 것이 정말 쉬운 일은 아니었습니다. 하지만 책을 집필하는 과정에서 필자 자신을 한 번쯤 되돌아볼 수 있었고 이 책을 통해 외국인과 기관이 주도권을 쥔 국내 주식시장에서 고군분투하는 개인투자자들에게 조금이나마 힘이 되고 싶었습니다.

아파보지 않고서는 환자의 마음을 알 수 없듯이 주식시장에 참여해 큰돈을 잃어보고 반대로 큰돈을 벌어본 경험이 있어야 독자들의 마음을 비로소 이해할 수 있고 실제 주식투자에서도 도움이 된다고 필자는 생각합니다. 필자는 치열한 주식시장에서 실전 경험과 주식 강의를 통해 수많은 역경을 극복하고 이 자리까지 왔습니다. 지금까지 쌓은 경험을 통한 매매 노하우를 이 책에 담았습니다.

필자가 주식 선생님으로서 조언을 드리자면 주식투자에서 가장 중요한 것은 자신에게 적합한 매매 기법을 찾아 실전에 적용하는 것입니다. 자신에게 적합한 매매법을 찾으시면 그다음은 반복적인 연습이 필요합니다. 실패를 두려워하지 않고 항상 일기를 쓰듯이 하루 동안의 주식투자 매매일지로 매일매일 복기하고 연구하는 성실한 자세가 독자 여러분께 정말 중요하다고 생각합니다. 복기 시스템을 만들어 계속 반복적으로 공부하시면 어느 순간 붉은 계좌가 되고 수익률이 계속 오르리라 생각합니다. 이 책에 집필해놓은 실전 주식매매 노하우를 독자 여러분이 잘 습득하셔서 냉혹한 주식시장에서 꼭 살아남아 경제적 자유를 성취하시길 바랍니다.